港口物流实践教程

PRACTICE COURSE OF PORT LOGISTICS

朱芳阳　施梅超　主编

江苏大学出版社
JIANGSU UNIVERSITY PRESS
镇　江

图书在版编目（CIP）数据

港口物流实践教程 / 朱芳阳，施梅超主编. —镇江：江苏大学出版社，2019.12
ISBN 978-7-5684-1269-8

Ⅰ. ①港… Ⅱ. ①朱… ②施… Ⅲ. ①港口—物流管理—高等职业教育—教材 Ⅳ. ①U695.2

中国版本图书馆 CIP 数据核字（2019）第 275728 号

港口物流实践教程
Gangkou Wuliu Shijian Jiaocheng

主　　编/朱芳阳　施梅超
责任编辑/柳　艳
出版发行/江苏大学出版社
地　　址/江苏省镇江市梦溪园巷 30 号（邮编：212003）
电　　话/0511-84446464（传真）
网　　址/http：//press. ujs. edu. cn
排　　版/镇江文苑制版印刷有限责任公司
印　　刷/虎彩印艺股份有限公司
开　　本/890 mm×1 240 mm　1/32
印　　张/7.125
字　　数/230 千字
版　　次/2019 年 12 月第 1 版　2019 年 12 月第 1 次印刷
书　　号/ISBN 978-7-5684-1269-8
定　　价/46.00 元

目　录

项目一　港口物流认知

教学要求：

1. 认识港口，了解港口分类及其构成。

2. 掌握港口物流内涵，了解其特点与发展趋势。

3. 理解港口物流的功能。

4. 理解港口与物流、港口与城市、港口物流与区域经济关系。

第一节　港口的基本知识

一、港口及其分类

（一）港口的定义

港口是位于海、江、河、湖、水库沿岸，具有水路联运设备及条件供船舶安全进出和停泊的运输枢纽，是水陆交通的集结点和枢纽，工农业产品和外贸进出口物资的集散地，船舶停泊、装卸货物、上下旅客、补充给养的场所。

（二）港口的分类

根据不同的分类标准，港口分为不同的类型，具体如下：

1. 按港口规模分为特大型港口（年吞吐量＞3000 万吨）、大型港口（年吞吐量 1000 万～3000 万吨）、中型港口（年吞吐量 100 万～1000 万吨）及小型港口（年吞吐量＜100 万吨）。

2. 按港口所在地理位置分为海港、河港、湖港及水库港等。海港是滨海港口的通称，包括筑在海岸边的海岸港和筑在江河入海处的河口港等，前者如中国的大连港、青岛港，后者如中国的上海港、英国的伦敦港、德国的汉堡港等。根据港湾形态特征又分为内湾型海港（港口位于伸向陆地的海湾）、外湾型海港（位于面向开敞的海域或海湾）、狭湾型海港（位于伸向陆地的狭长海湾）、天然岛港（位于天然岛屿上）、人工岛港（位于人工岛屿上）和平直型海港（位于开敞的平直海岸，因掩护条件差，多为挖入式港池）等。河港是位于江河沿岸的港口，是内河运输船舶停泊、编队、补给燃料的基地，也是江河沿岸旅客和货物的集散地。湖港和水库港分别指位于湖岸和水库边的港口。

3. 按用途分为商港、军港、渔港、工业港和避风港。商港是供商船往来停靠、办理客货运输业务的港口，具有停靠船舶、上下客货、供应燃料和其他补给以及修理船舶所需的各种设备和条件，是水陆运输的枢纽和货物的集散地，其规模大小通常以吞吐量大小来表示。按其功能结构又分为综合性港口和专业性港口（如油港）。军港是专供海军舰艇使用的港口。渔港供渔船停泊、卸下渔获物和进行补给修理。工业港是工矿企业专用港口。避风港供船舶躲避风浪，船舶亦可由此取得补给、进行小修等。

二、港口的构成

港口由一定范围的陆域、水域所构成，并由相应的港口腹地和集疏运系统相配套。

（一）港口陆域

港口陆域是指港界线以内的陆域面积，该区域一般拥有码头、仓库、货场、道路（包括公路、铁路等），供货物装卸、堆存、转载与编配加工等的各种设备及其他各种必要的附属设施。

1. 码头

码头是海边、江河边专供轮船或渡船停泊，让乘客上下、货物装卸的建筑物。码头是港口的主要组成部分，由若干泊位构成。每艘船的靠泊码头长度为一个泊位。泊位的长度和水深要求随停泊船舶的大小而不同。

2. 仓库

港口仓库是供货物在装船前和卸船后临时或短期存放的建筑。其主要功能是货物贮存、集运，或进行货物分类、编配加工、检查，以加速车船周转，提高港口通过能力和保证货运质量。港口仓库按存放货物的种类可分为件货仓库、散装仓库、危险品仓库及冷藏库等。按特点分为专用仓库、通用仓库、单层仓库与多层仓库等。按位置分为前方仓库和后方仓库，前方仓库是设在码头前方第一线与船舶装卸作业直接相关的供货物暂时存放的建筑，后方仓库则位于港区后方，距离码头泊位较远，是供货物集中和周转的建筑。

3. 港口货场

港口货场是在港内堆存货物用的露天场地，用于存放不许进库的或不怕日晒雨淋的货物。货物根据场地所在位置可分为前方货场与后方货场，根据货物种类不同可分为件杂货场和散杂货场。

4. 码头前沿作业区

码头前沿作业区是从码头线至第一排仓库（或堆场）的前缘线之间的场地。它是货物装卸、转运和临时堆存的场所。一般设有装卸、运输设备；有供流动机械、运输车辆操作运行的地带；有的还有供直取作业的铁路轨道。前沿作业地带的宽度没有统一的标准，主要根据码头作业性质、码头前的设备装卸工艺流程等因素确定。

5. 港内道路及装卸设备

港内道路是供运货车辆和装卸运输机械通行，并与城市道路和疏港道路相连接的港内通行道路。港口有大量货物运输时，可铺设铁路线，通过火车集疏运。港口装卸设备包括起重、运输机械、船舱机械等。

6. 附属设施

港口陆域附属设施包括供港口工程建筑物及设备维修所用

的工程维修基地、燃料和淡水供应站、对船舶进行临时性修理的航修站、作业区办公室、消防站、输电系统、照明、通信和导航设备及港务管理办公建筑等辅助生产设施。

（二）港口水域

港口水域是指港界线以内的水域面积。它一般必须满足两个基本要求：船舶能安全地进出港口和靠离码头；能稳定地进行停泊和装卸作业。港口水域主要包括港池、航道与锚地。

1. 港池

港池一般指码头附近的水域，它需要有足够深度与宽广的水域，供船舶停靠驶离时使用。

2. 航道

航道指自海、河主航道通向港口码头的航道。进出港航道的尺度要求适应进出港船舶的尺度以保障航行安全，航道中线应与水流方向尽量一致或接近，以便船舶进出港口和减少泥沙淤积。

3. 锚地

锚地是供船舶抛锚候潮、等待泊位、避风、办理进出口手续、接受船舶检查或过驳装卸等停泊的水域。锚地要求有足够的水深，使抛锚船舶即使由于较大风浪引起升沉与摇摆时仍有足够的富余水深。锚地的底质一般为平坦的沙土或亚泥土，使锚具有较大的抓力，而且远离礁石、浅滩等危险区。锚地离进出港口航道要有一定距离，以不影响船舶进出港口为准，但又不能离进出港口航道太远，以便于船舶进出港操作。

（三）港口腹地

港口腹地是指港口货物吞吐和旅客集散所及的地区范围。现代化的港口一般具有双向腹地，即面向内陆的陆向腹地和面向海岸的海向腹地。港口与腹地是互相依存、相辅相成的，一方面，港口的发展建设必须以腹地范围的开拓和腹地经济的发展为后盾，腹地是港口赖以生存和发展的基础；另一方面，港口是腹地的门户，港口的建设也对腹地经济发展产生重要影响。

（四）港口集疏运系统

港口集疏运系统是与港口相互衔接、主要为集中与疏散港口吞吐货物服务的交通运输系统，由铁路、公路、城市道路及相应的交接站场组成，是港口与广大腹地相互联系的通道，为港口赖以存在与发展的主要外部条件。任何现代化港口都必须具有完善与畅通的集疏运系统，才能成为综合交通运输网中重要的水陆交通枢纽。

三、港口在物流中的地位和作用

现代港口是经济贸易发展的催化剂，对腹地可以产生巨大的商业辐射功能，推动区域经济和贸易的发展。港口处于综合交通运输网络的节点，是制约现代物流发展的重要一环，对现代物流体系有着十分重要的影响和战略作用。

（一）港口以复合优势实现现代物流中心的功能

国际货运正由孤立从业者的零打碎敲向现代物流系统加速发展，以更好地满足不同客户的个性化需要。因此，要求港口在现代物流体系中发挥更为积极的作用。传统的港口活动仅为中转与产品分配功能。随着国际多式联运的发展与综合运输链复杂性的增加，港口作为全球综合运输网络的节点，其功能也将更为广泛。现代港口功能在不断地以港口为中心向内陆扩展，为客户提供方便的运输、商业和金融服务。现代物流是以运输为主要环节的综合服务系统。港口作为全球综合运输网络的节点，其港口功能也正朝着提供全方位的增值服务方向发展。港口功能的拓展不仅是现代物流发展的要求，而且是港口推动现代物流发展作用的体现。港口发展现代物流具有以下优势：

1. 现代港口是综合物流供应链的龙头

现代港口作为物流分拨配送中心，不但负责储存、分拣、理货、分放、倒装、分装、装卸搬运、加工送货等职能，它还负责整个供应链的情报工作。

2. 现代港口是生产要素的最佳结合点

由于港口运输优势，世界许多最重要的港口都有“前港口，后工厂”的布局设置，许多有实力的企业也选择港口城市作为发展之地，世界上的重要港口基本上都是重要的工业基地。现代港口有力地推动了区域经济的发展，并汇集了最佳的人力、物力、财力，成为区域乃至国际性的商务中心。

3. 现代港口是最重要的信息中心

对国际贸易来说，港口作为国际物流链中的技术节点，是船舶、航海、内陆运输、通信、经济、技术汇集点。在港口地区落户的有货主、货运代理、船东、船舶代理、商品批发零售、包装公司、陆上运输公司、海关商品检查机构等。现代港口已从纯粹的运输中心，经由配送中心发展为今天的物流中心。随着国际多式联运与全球综合物流服务的发展，现代港口作为全球运输网络的节点，将朝着全方位的增值服务方向发展，成为商品流、资金流、技术流与信息流的汇集中心。

4. 现代港口是综合物流供应链中最大货物的集结点

港口是水陆运输的枢纽，是水运货物的集散地、远洋运输的起点和终点。综合物流不仅在海上形成了枢纽港的分离，而且在陆上形成以港口端点，以内陆的物流中心为集散点，以不同运输方式的多式联运为运输通道的内陆网络体系，因此，港口也是最大货物的集结点。

（二）港口的多重身份在国际物流中具有战略地位

按照现代物流的观点，港口在现代生产、贸易和运输中处于十分重要的战略地位，这主要因为：① 港口是水陆运输的枢纽，又是水运货物的集散地、远洋运输的起点与终点。无论是集装箱货还是散装货，远洋运输总是承担着其中最大的运量，因而港口在整个运输链上总是最大量货物的集结点。② 港口是全球生产要素的最佳结合点。要把两个国家之间有着巨大禀赋差异的生产要素以最有利的方式结合，港口往往是最合乎逻辑的选址。世界主要港口基本上都是重要的工业基地。③ 在国际贸易中，港口一直是不同运输方式汇集的最大、最重要的节点。在港口地区落户的有货主、货运代理行、船东、船舶代理行、商品批发部、零售商、包装公司、陆上运输公司、海关、商品检验机构以及其他各种有关机构。随着地区国际贸易的发展，物流中心的计算机系统必须与上述单位的计算机系统联网，将有关商流、物流、装卸运输、仓储的信息及时汇集到港口和物流中心。因此港口在现代物流体系中居于核心战略地位。

（三）港口通过物流系统提供增值服务

从现代物流服务的内容来看，港口具有十分突出的区位优势。在现代物流不断发展的进程中，港口不但可提供货物中转、装卸和仓储等现代物流服务，还可利用其信息与通信设备以及 EDI 网络，为用户提供所需市场与决策信息。港口也是一个人员服务中心，提供贸易谈判条件、人才供应和海员服务等，并提供舒适的生活娱乐空间，强化港城一体化关系。现代港口通过其自身区位优势和由此衍生出来的诸多功能，可简化贸易和物流过程，使港口在现代物流节点上提供最少的间断和最大的增值。

第二节 港口物流的基本知识

一、港口物流的内涵及功能

（一）港口物流的内涵

港口物流是指中心港口城市利用其自身的口岸优势，以先进的软硬件环境为依托，强化其对港口周边物流活动的辐射能力，突出港口集货、存货、配货的特长，以临港产业为基础，以信息技术为支撑，以优化港口资源整合为目标，发展具有涵盖物流产业链所有环节特点的港口综合服务体系。港口物流是特殊形态下的综合物流体系，是作为物流过程中的一个无可替代的重要节点，完成整个供应链物流系统中基本的物流服务和衍生的增值服务。

（二）现代港口物流的基本功能

现代港口物流具有三大基本功能，分别是经济贸易、综合服务和流通功能。

1. 经济贸易

从古至今，港口历来都是境内外贸易的重要中转站，港口的出现大大节省了各种贸易的运输时间和缩短了运输的路程，带动了国家经济贸易往来的开展。随着海洋的优势的被发现，各个发达国家陆续把海洋港口作为经济贸易的重要窗口，并通过海洋开辟了一系列的殖民地。

随着经济全球化趋势的加强，国与国之间的经济交往日益密切，现代化的港口便利了国家之间、区域之间贸易的开展，利用港口作为开展贸易的平台，大大增强了国家之间、区域之间的贸易往来，促进了商业繁荣，进而带动了物流业的发展，形成良性循环，商贸进一步发展。

2. 综合服务

传统的港口主要是作为货物装卸基地和中转站，也就是把货物通过港口进行转运船舶运输或者通过船舶运输转运到其他运输方式的停靠点，通过港口的中转，实现货物的空间转移。

随着经济的发展，临海工业的发展，港口便利的交通运输条件，使得一些原材料生产企业和产品运量大、需要把港口作为水运条件的企业，直接把港口作为生产基地，进行原材料的配送，进而带动了港口所在城市工业的发展。同时通过港口还可以为港口所在城市提供旅游服务，促进了房地产、金融等各项产业的发展，现代化的港口已经成为工业、商业、旅游、运输等各项功能于一体的大型服务场所。

3. 流通功能

目前，港口不再仅仅具有货物储备和搬运的功能，而是更多地利用现代化的信息技能进行现代化的运输、仓储，利用现代化高效的配运方式对货物进行配送，开展现代化运输，将仓储、包装、保税、加工、销售、批发、展览、航运交易以及信息管理等涉及多个环节的功能集成化，用供应链综合系统的功能整合从发货人到收货人的整个物流服务过程，使物流的“门—门”得到优化。现代化信息流必然带动港口资金流，也必然带来对配套的金融服务要求的提升，进而带动金融业的发展。

二、港口物流的几个基本关系

（一）港口与物流的关系

港口作为水陆物流交汇的重要节点，是国民经济的重要基础和枢纽，通过不断装卸输送各种物资产品，生产者不断获取原料，消费者不断获取商品，形成了物流体系中重要的支撑。

在国际经济、贸易和运输尚未一体化的时代，生产和贸易被当作是两个隔绝的因素，而运输则被分割成许多过程。因此，港口仅执行其传统的装船和卸船的功能，而游离于生产、贸易和运输之外。随着全球经济一体化，物流管理理论与实践也不断发展，从海洋运输走向综合物流，国际航运业在进入集装箱化时代后又向多式联运时代和现代物流方向发展。物流管理技术水平的发展以及货主对货物运输的安全、准时、经济性等服务质量要求的提高，国际班轮运输开始注意到海上运输及陆路物流系统各个环节的可靠性，班轮公司经营规模不断扩大，服务不断延伸，逐渐朝集团化、多元化经营的全球承运人方向发展，经济贸易与航运的发展使得现代港口日益成为全球运输体系中的神经中枢，其功能也逐渐从原来的海陆中转发展成为促进经济发展和服务于国际贸易的综合物流中心。

（二）港口物流与城市的关系

港口作为水陆运输的连接点，在陆上和海运两个方面具有集聚、扩散功能，长期以来港口与城市相互促进、共同发展。

1. 港口是对外通道和各种联系交流的据点，是人员和物资进出的口岸，特别是在促进并推动数量惊人的物流方面发挥重要作用，是城市正常运转的重要物资前提和必要条件。

2. 港口是城市的重要基础设施，关系着城市利用外地资源，包括国内外资源的范围和程度，港口发展和国内外贸易及商品经济的发展息息相关。作为城市的窗口和门户，港口是引进国外资本、设备、技术等的重要渠道。

3. 港口是城市发展各种产业，包括工业制造业和第三产业的物质手段和重要条件，也是增强城市辐射力、吸引力和服务功能的基础和重要手段。

4. 港口不仅是物流中心，在推动人际交往、促进科学技术和思想文化交流方面，也发挥着重要作用。这对于增进各国人民的了解和友谊、维护世界和平等政治方面同样有积极意义；随着人员的频繁交往，也会推动城市公共交通、邮政电信服务、饮食宾馆、旅行导游等各项事业发展，并促进各种商品特别是工艺品、土特产品的销售，从而带来经济繁荣和财政税收及外汇收入的增加。

（三） 港口物流与区域经济的关系

港口物流的发展有利于全面带动港口所在区域的经济发展，依托港口大力发展现代物流并形成清晰的供应链和产业链，是西欧沿海地区经济发达的一个重要原因。港口物流对区域经济的贡献可以分为直接经济贡献、间接经济贡献和社会效益。

1. 港口物流对区域经济的直接贡献

港口是国民经济和地区经济的一部分，与其他行业一样，港口也同样产生国内生产总值、国民收入，港口还产生就业机会，上缴国家税收。因此港口的直接贡献可以用货运与客运周转量以及国民生产总值的增加值等指标来衡量。

2. 港口物流对区域经济的间接贡献

港口的生产和发展促进或带动了其他部门的发展。这包括以港口生产为中间产品的其他部门的发展带来的经济效益；港口生产所需产品的生产部门的发展带来的经济效益；港口发展使得货物得以及时运送而获得的生产效益与市场效益；港口发展使运输时间减少而创造的时间价值；增加就业人员及就业人员工资带来的消费的增长，从而促进了经济的增长等。港口除了核心活动以外，还有大量扩展经济的活动，这些活动产生了港口的间接经济效益。

3. 港口物流的社会效益

港口物流的社会效益是指港口物流发展对促进地区繁荣的巨大推动效益。包括：① 港口物流的发展提高了当地的运送能力，促进了资源开发、商品交流带来的经济结构的变化和经济的迅速发展；② 港口物流发展吸引投资带来的地区经济的繁荣；③ 港口物流发展吸引投资带来的当地税收的增加；④ 港口物流发展吸引投资使腹地或港口周围土地价值的大幅度上升；⑤ 港口物流发展增加就业，增加的社会稳定与吸引外来人口带来的文化、习俗、观念等方面的变化。这部分效益难以量化，对地区的发展具有其他部门不可替代的深远影响。

三、 港口物流的发展趋势

世界经济一体化和贸易自由化的进程加快，使物流的内涵和外延正在逐渐扩大，港口物流的功能和特点发生了许多变化，朝着国际化、多功能化、系统化、信息化和标准化的方向发展。

（一） 国际化

国际贸易全球化、世界经济一体化趋势使港口在国际贸易中的作用更加突出。多数的港口主要提供国际物流服务，如配送中心为进口商品提供从代理报关业务、暂时储存、搬运和配送、必要的流通加工到送交消费者手中等一条龙服务，甚至还接受订货、代收取资金等。

（二） 多功能化

港口物流发展到集约阶段，通过向多功能化方向发展，形成了一体化物流中心，提供仓储、运输、配送和各种提高附加值的流通加工服务项目。多功能化增强了港口的服务功能，推动了产销分工专业化，将过去商品经由运输、仓储、批发到零售店的多层次的流通途径，简化为由港口集成服务到用户的门到门服务模式，从而提高了社会的整体生产力和经济效益。

（三） 系统化

港口物流向生产和消费两头延伸并加进了新的内涵，将原本仓储、运输的单一功能扩展为仓储、运输、配送、包装、装卸、流通加工等多种功能。这些功能子系统可通过统筹协调、合理规划，形成物流大系统，控制整个商品的流动，以达到利益最大或成本最小，同时满足用户需求不断变化的客观要求，更加有效地服务于社会经济活动。

（四）信息化

全球经济的一体化趋势，使商品与生产要素在全球范围内以空前的速度流动，电子数据交换与国际互联网等技术的应用，使物流效率提高，产品流动更加容易和迅速。信息化是港口物流发展的必由之路。

（五）标准化

港口物流的国际性要求在物流过程中实现标准化，在商品包装、装卸搬运、流通加工、信息处理等过程中采用国际统一标准，以便参与区域、全球物流大系统和物资经济循环。

第三节　实训项目

一、实验目的和要求

实验目的：运用百蝶港口物流模拟仿真软件进行实验操作，了解港口的基本构成，让学生对港口有初步的认知。

实验要求：每人登录进入系统，根据软件指导书进行相应的操作。操作结束总结港口物流系统的基本构成。

二、实验步骤

1. 打开桌面上的，使用自己的账号进行登录，进去之后，依次选择【上课管理】—【任务一、集装箱码头认知】—【港口调度员】—【准备】—【开始】，进入 3D 虚拟场景。如图 1-1 所示。

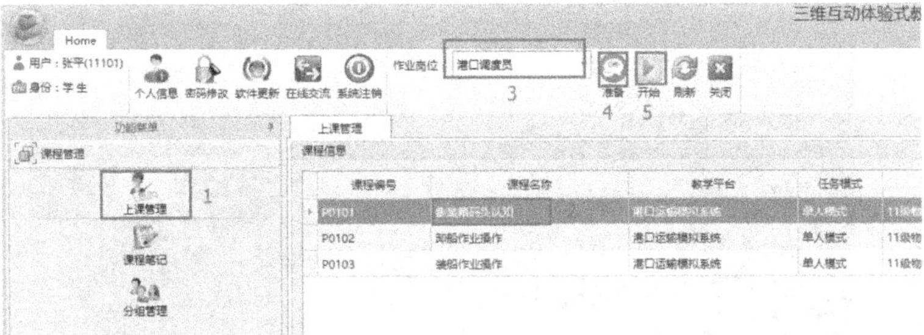

图 1-1　教学平台

2. 进入 3D 虚拟场景，如图 1-2 所示，具有如下按键操作：

- 按“F1”为第一视角，“F2”为第三视角，“F3”为飞行视角；
- 按“W”、“S”、“A”、“D”键可进行前后左右移动，移动时按住“Shift”键可进行减速；
- 按住鼠标右键进行拖动可以转换方向，第三视角下转动鼠标滚轮可调节视野远近，飞行视角下按“Q”可以上升，按“E”可以下降。
- 先进入中控室，如图 1-2 所示，然后再乘坐电梯下到 1 楼，进入集装箱码头 3D 虚拟场景，如图 1-3 所示。

图 1-2　中控室

图 1-3　3D 虚拟场景

3. 首先找到岸吊，顺着逆时针方向靠近且仔细观察、咨询老师或者到网上查找资料，港口常用设备如表 1-1 所示。认识每个区域的每一种设备，记录下你所看到的设施设备。

表 1-1　港口常用设备

设备名称	设备介绍	主要用途
岸桥		现代集装箱码头普遍采用集装箱岸桥进行船舶的装卸作业。集装箱岸桥是集装箱码头装卸集装箱的专用机械。
龙门吊		轮胎式龙门起重机是集装箱码头堆场进行装卸、搬运、堆垛作业的专用机械。

续表

设备名称	设备介绍	主要用途
集装箱		是指具有一定强度、刚度和规格，专供周转使用的大型装货容器。
堆场		堆场是集装箱码头堆放集装箱的场地，为提高码头作业效率，堆场又可分为前方堆场和后方堆场两个部分。
闸口		闸口是公路集装箱进入码头的必经之处，也是划分对集装箱责任的分界点。闸口按业务需要可分为进闸口和出闸口，闸口主要功能包括箱体检验、填写设备交接单进行箱体交接、单证的审核与签发签收、收箱和提箱的堆场位置确定、进出码头集装箱的信息记录。
中控室		中控室是集装箱码头各项生产作业的中枢，集指挥、监督、协调、控制于一体。控制室计算机与作业现场、搬运机械的计算机终端通过有线或无线连接，成为码头各项作业信息的汇集和处理中心。

续表

设备名称	设备介绍	主要用途
集卡车		集卡车主要用于码头内部水平运输。
集装箱货运站(CFS)		集装箱货运站主要用于装箱和拆箱，作为集装箱码头的辅助功能区，集装箱货运站通常设于码头的后方，其侧面靠近码头外接公路或铁路的区域，以方便货主的散件接运，同时又不对整个码头的主要作业造成影响。
PDA		自身有电池，可以移动使用，具有数据存储及计算能力，能与其他设备进行数据通信，有显示和输入功能。

4. 按“F3”进入飞行模式，找到提箱进场与收箱进场区，

逆时针漫游场景，将会看到如图 1-4—图 1-6 所示的区域。出百蝶港左转弯，会看到集装箱货运站（CFS），如图 1-7 所示。

图 1-4　提箱进场与收箱进场区

图 1-5　提箱出场与收箱出场区

图 1-6　办公区

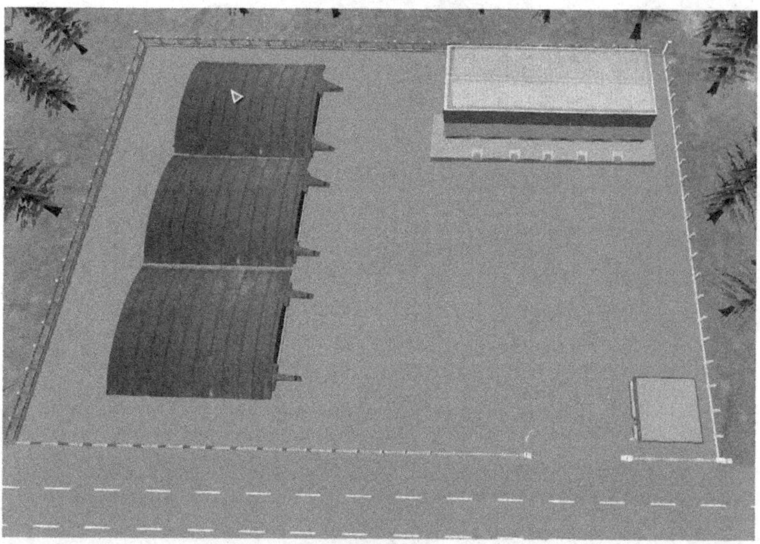

图 1-7　集装箱货运站（CFS）

5. 按键说明

键盘操作按键定义如表 1-2 所示。

表 1-2　键盘操作按键表

W	控制人物、车辆、岸吊/场吊的吊具向前快速移动。
S	控制人物、车辆、岸吊/场吊的吊具向后快速移动。
A	控制人物、岸吊/场吊的吊具向左移动；控制车辆向左转弯。（车辆转弯需同时按住“W”或“S”键）
D	控制人物、岸吊/场吊的吊具向右移动；控制车辆向右转弯。（车辆转弯需同时按住“W”或“S”键）
E	按下“E”键，再按“W/S/A/D”键可以微小距离调整场吊/岸吊的吊具位置，调整好再按“E”键恢复正常距离的调整。
Q	取出/收起 PDA；进行岸吊/场吊的选位操作。
Ctrl	拿起打印单据时需同时按住该键。
F	操作/离开电脑。驾驶/离开车辆。
F1	第一人称视角。
F2	第三人称视角。
F3	自由视角。
T	开启内集卡车/外集卡车。
空格	人物跳跃。
Esc	取消键，收起打开的单据。
5	场吊/岸桥吊具的开锁/闭锁键。
↑	控制场吊/岸吊吊具的起升。
↓	控制场吊/岸吊吊具的下降。

6. 光标定义

系统光标信息定义如表 1-3 所示。

表 1-3　系统光标信息表

	鼠标自身光标，直接拖动鼠标使其移动。用于操作系统任务栏、PDA 以及 TOS 系统中的功能。

项目二　港口生产计划与调度

第一节　港口生产计划与作业计划

一次港口生产作业涉及船舶、货物、港口内的各种装卸机械设备、各种作业人员和各种运输车辆的衔接，要把这些复杂的技术设备和人员组织在一起，协调地进行港口生产，就必须执行严格的计划管理。而且港口的规模越大，对计划管理要求就越高；港口的航线越多，涉及的面越广，对计划管理的要求也就越严格。因此，对于港口企业而言，对外要服从国家的计划指导，对内要对自身的全部生产经营活动实行计划管理。对港口的用户来说，港口是否有严格的计划管理制度，能否严格地执行港口的生产计划，也是港口是否有良好信誉的标志。

一、 港口生产作业计划内容

港口生产作业计划都是以装卸对象为内容编制的阶段性计划，通常涉及船舶泊位的安排、装卸工艺流程的确定、生产资源的合理分配和相关作业单位的协调。

1. 安排船舶泊位

这是生产作业计划的第一步，也是关键的一个环节，要根据码头泊位情况以及在港作业船舶的作业进度，充分掌握抵港船舶的各种信息，科学合理地安排船舶作业的泊位（包括浮筒作业和移泊），并布置各项船舶在港作业的准备工作。

2. 确定装卸工艺流程

根据抵港船舶、货物的特点和港口企业的生产资源情况，选择最合理的装卸工艺流程，创造较高的生产效率和良好的经济效益。

3. 合理分配生产资源

根据已确定的装卸工艺流程，合理配置企业人力、机械等生产资源，确定各项作业的进度要求、安全质量要求以及确定相应的责任者。

4. 协调各作业相关单位

根据作业情况，确定与铁路、驳船等协作单位的协同作业关系，向他们提出协作要求，保证装卸作业连续顺利地进行。

二、 港口生产作业计划

港口生产作业计划是港口企业计划的具体执行，它以企业计划为总目标，结合各阶段（月、旬、日、工班）的生产具体情况，规定各阶段作业的具体任务和实施办法。一般分为月度生产作业计划、旬度生产作业计划，昼夜生产作业计划和单船作业计划。

通过作业计划，把港口的生产计划落实到装卸公司、装卸队，直至装卸班组和工人，使企业的每一环节、每一队组、每日每班都有明确的目标，有利于调动广大职工的积极性，便于对生产进行组织、协调和控制，有利于企业不断提高管理水平，并取得良好的经济效益。

通过生产作业计划，不仅可以合理地使用和调配装卸机械和人力，而且可以挖掘企业内部的生产潜力，避免装卸生产时松时紧、前松后紧等状况，以保证港口生产均衡地、有节奏地进行。

1. 港口月度生产作业计划

港口月度生产计划是年度生产计划的具体化，是为了保证年度生产计划任务的完成而制定的。它主要包括港口月度吞吐量计划和港口月度装卸工作计划。

（1）港口月度吞吐量计划

港口月度吞吐量计划的指标主要是货物吞吐量和集装箱吞吐量。编制依据是本港口下月进出口货物及中转货物的流量和流向。在编制吞吐量计划前，港口企业的客户服务部门先要进行详细的市场调查，主要调查本港口的进口货源及出口货源。

本港的进口货源，就是船舶装载进入本港卸下的货物数量，这一数量一般通过相关船公司下月的船期表计算得出。相关船公司下月进入本港卸船的货物数量，通常就是本港下月进口货源数量。

本港的出口货源，就是在本港装船运出的分货种货物数量，这一数量通常通过腹地经济调查得出。

港口月度吞吐量计划，由计划部门会同调度部门及货运商务部门，根据月度货物托运计划、月度外贸进出口船货计划（外轮到港计划）、各航运单位的船舶运力材料，以及港口码头、库场、机械设备、集疏运能力等资料，经综合平衡后编制。

港口月度生产计划既是编制港口月度生产方案和其他作业计划的依据，又是年度计划与作业计划之间承上启下的纽带。因此，只有确定了月度生产计划，才能使港口与航运、铁路、货主之间建立起严密的协作关系。

月度吞吐量计划分货类进行编制，应分别反映每一货类下月的流量、流向、国内和国外航线、进口和出口数量。

在编制计划之前，应进行运输形势分析，应掌握生产规律和货源变化的一般趋势，并对上月计划完成情况、原因和问题进行分析研究，找出工作中的强弱环节，以便编制计划时参考，使编制的吞吐量计划更符合客观实际。计划的编制必须按程序进行，编制计划所依据的各项数字，应具有可比性。

（2）港口月度装卸工作计划

港口月度装卸工作计划，是港口为保证完成月度吞吐量计划任务而对港口装卸作业所做的计划安排，并确定企业为保证吞吐量计划的完成，各方面工作应达到的水平。

港口月度装卸计划由港口计划部门或调度部门编制，包含一系列指标。主要指标有按自然吨或吞吐量计算的生产任务，有按操作吨计算的装卸工作量，有装卸工时利用率、劳动生产率、机械利用率等反映工作效率，以及按船舶平均在港停泊时间等反映港口生产要素利用程度的指标等。

2. 港口旬度生产作业计划

港口旬度作业计划是月度生产计划的具体化，是保证月度计划完成的重要手段。旬度作业计划具体到各区（站）的旬度进出口任务，并根据本旬度来港船舶的详细资料对月度计划进行修正，基本确定具体船舶的装卸货种、数量、流向及作业泊位等。通过旬度作业计划可以发现月度作业计划在均衡性等方面存在的问题，便于及时采取调整措施。此外，港口企业旬度作业计划也经常成为船公司安排运力，调整船舶到港密度的依据。

旬度作业计划主要指标有装卸自然吨、码头作业的吞吐量、货运量、客运量、船舶平均在港停泊天数等。编制旬度作业计划的程序如下：

（1）据旬度货源情况编制旬度出口货运计划

港口企业客户服务部门在每旬中应了解掌握下一旬本港出口货源具体情况，根据下一旬待运的各类货物资料进行归纳整理，确定下一旬本港各类货物的出口量，编制旬度出口货运计划，并将出口货类、数量、流向等情况报送有关船公司，便于船公司安排相关运力。

（2）船公司向港口企业反馈运输计划

相关船公司根据港口旬度出口货运计划进行汇总和平衡，安排下一旬运输计划，并在本旬结束前一两天将运力、运量计划通知相关港口企业。运力、运量计划内容包括：船舶抵港日期、船名、进口货种、数量，以及由本港出口装货指定船舶的货种和数量。港口计划调度部门可根据船公司运输计划，编制本港旬度到港船舶装卸计划，确定下旬度进、出口货运量。

（3）编制旬度货物装卸任务计算表

根据出口和进口货运计划，调度计划部门编制旬度货物装卸任务计算表，综合考虑货种、数量、流向、船型和各作业区（站）的设备条件、专业化程度、装卸效率、劳动力状况，以及货物进出口平衡情况、码头通过能力等各项因素，经计算后安排各作业区（站）旬度装卸任务。

3. 港口昼夜生产作业计划

昼夜生产作业计划是根据港口旬度作业计划，结合实际变化情况，对码头昼夜 24 小时连续不断的生产作业进行具体安排，对各类资源，如人力、机械设备、泊位、库场等进行具体的配置。

港口生产部门根据船舶到港的具体计划和时间表，即各船舶代理公司汇总并报送港务局生产调度部门的"五日船期表"，按各港区作业分工和生产情况，编制船舶分码头的靠泊计划。各港区计划调度根据计划船期、船舶积载情况、货物的转接运情况以及港区的机械、劳动力出勤，仓库堆场的能力编制港口的昼夜分班作业计划。

由于港口生产具有多环节、多工序、涉及面广和情况多变等特点，要成功地编制好昼夜生产作业计划，需要准确掌握以下资料：

（1）船公司及相关协作单位的资料：与船公司、货主等签订的船舶速遣协议、货物包干协议等协议、合同及相关特殊要求的资料。

（2）货物资料，包括货种、数量、流向等。

① 出口货物的动态，包括出口货备货情况、装货日期、货物来源、现存地点，以及货种、数量、去向、出口货物分舱配载图、验货情况、班轮船期等。

② 进口货物的动态，包括货种、数量、流向、载运船舶进口货物分舱积载图、到港时间、接运方式和接运工具、收货人等。

③ 各类进出货物的性能、装卸条件、滞留期限及有关装

卸的申请通知、中转托运计划等。

(3) 船舶资料：船名、船籍、类别、尺码、满载吃水、干舷高度、舱口数量、舱口尺度、各舱容量、到港时间、船舶积载情况以及船吊的类型、性能、负荷等。

(4) 集疏运工具的供应情况：集疏运列车、卡车以及驳船等运输工具的到港密度与载货量。

(5) 水文气象：码头水流、潮差、锚地和浮筒情况，与本港口有关的航道水深、水流、潮差、潮时等；本港区以及与本港区有关地区的气象资料，当天和未来几天的天气、海浪预报。

(6) 港口自身的实际情况：码头泊位能力、库场堆存能力、机械设备的备有量、员工的素质和出勤情况、工艺方案和装卸定额等。

4. 港口单船作业计划

单船作业是港口作业的基本部分，是港口装卸生产作业的基础，因而单船作业计划是港口装卸生产计划的基础。港口装卸生产作业的主要服务对象是车、船、货。完成生产任务的好坏取决于每一艘船舶的作业质量。要搞好港口生产的组织与管理，完成生产任务，就必须从单船的装卸作业抓起，只有单船作业搞好了，全港的生产才能有保证。

单船作业计划详细规定了船舶从抵港到离港为止所有作业项目以及各个项目作业程序与时间。各项作业所需的时间，是根据船舶的具体要求与港口的实际条件，按照定额规定的标准计算的。

船舶从进港至离港的全部作业包括联检、进港、装卸作业、技术作业、辅助作业、离港等项内容。

联检即联合检查，它包括港务监督检查、船舶检验、卫生检疫、海关检查、商品检验、动植物检疫以及边防入境检查等。

进港，包括办理进港手续、引水、租赁拖轮、船舶靠泊等。

装卸作业，是单船作业计划的主要内容，应按装卸作业计划的要求做出安排，做到合理配置装卸作业线能力和组织平行作业等。

船舶技术作业，包括引水、靠离泊位、补充淡水和燃料、船用备品、船员食品以及各项技术供应等。

辅助作业，包括开关舱、洗舱、熏舱、排放压载水、办理货运文件、装卸作业的准备与结束后的整理工作等。

单船作业计划是港口作业组织方式之一，是提高港口装卸工作效率的有效方法，它对于压缩船舶在港停时，提高整个港口作业水平都有着重要作用。通过单船作业计划，把船舶装卸及其他作业项目有机地衔接起来，便于检查与该船在港完成装卸有关的一切作业进程，组织有关部门按单船作业进程协作配合，从而缩短船舶在港停泊时间，加速车、船和货物周转。

第二节　港口生产调度

港口生产调度是港口作业计划工作的重要组成部分。由于水上运输具有点多、线长、面广、流动分散、受自然因素影响大等特点，港航生产的时间性强，许多业务具有涉外性，为对船舶运行和港口装卸转运实行集中统一指挥，交通和港船单位均应建立、健全和强化水运生产调度指挥机构。

生产调度和生产控制是现代化大生产发展的客观要求，是实现港口企业与港口有关单位的联系、持续均衡生产、协调各生产环节的有力保证，是组织实现物流生产作业计划的重要手段，是提高企业经济效益的有效组织技术措施。港口调度作为港口生产的指挥系统，就是为了实现上述目的，对港口范围内的生产活动进行统一指挥、部署、安排、检查和督促，充分利用港口企业的人力、物力和财力，实现以最少的投入，获得最大的产出。

一、 港口生产调度工作

1. 港口调度的概念

港口调度工作是保证港口企业生产计划组织实施而进行的一系列部署和指挥、检查和监督、协调和平衡的总称。

港口生产的调度部门的基本任务是：以客货运输为中心，编制并执行水运生产计划，经济合理地利用港口、船舶的设备能力，搞好与相关部门的合作，加速车、船、货周转，努力完成客货运任务，提高港口经济效益。

2. 港口调度的工作内容

港口生产调度是港口生产运作管理系统的核心，其工作质量直接影响到企业的经济效益，所以如何做好生产调度工作已成为港口生产经营是否成功的关键。港口调度的主要工作内容有：

（1）制订船舶靠泊计划，并组织全面完成计划任务。

（2）按照装卸工艺方案，合理利用劳动力、机械、泊位、库场及其设备，充分发挥和扩大港口通过能力，努力缩短车船停港时间。

（3）掌握车船装卸进度和货物集中情况，联系铁路、航运和物资部门，搞好车、船的衔接。

（4）根据货流、货种、车船到港变化情况，平衡调整各作业区的作业安排，组织均衡生产，保证船舶作业安全，提高货运质量。

（5）检查安全生产及客货运输质量，分析存在的问题并提出改进措施。

（6）编制合理的装卸工艺方案，保证重点航线、重点船舶、重点舱口、重要物资（如危险品）、成套设备等安全高效装卸。

（7）通过各种调度会议汇报安全、生产、客货运输质量情况和存在的问题，监督检查生产决议的执行情况。

（8）负责联系有关运输船舶的燃料、淡水、伙食等的供应和船舶临时修理工作。

(9) 负责日常生产的快速统计和生产日报的编制工作。

(10) 按旬度、月度做出调度工作小结，总结推广先进经验，不断提高调度工作水平。

(11) 组织合理运输，按计划组织货物集中和疏运，合理使用库场，努力扩大库场通过能力。

(12) 有外轮装卸任务的港口，每日将旬计划内的外贸船舶靠泊、装卸和预计离港时间等动态报告给各外轮分公司。

二、 港口生产调度的工作制度

目前，我国港口生产调度工作主要是通过编制生产作业计划、召开各类生产调度会议以及现场调度指挥来开展的。

1. 港口生产调度会议制度

所谓调度会议制度，就是港口企业在每月固定时间，召开由固定人员参加，有固定内容和议题的会议，解决固定生产问题的制度。世界各国的港口企业，基本都以不同的形式采用调度会议制度，组织港口装卸生产。港口生产调度会议制度是根据港口生产经营的特点和要求确立的，是做好港口生产调度工作的重要保障，其作用在于：

(1) 通过各种生产调度会议布置港口的月度、旬度和昼夜等生产作业计划；

(2) 检查和总结前期各生产作业计划的完成情况以及安全质量情况；

(3) 协调港、航、车、货等各方面的联系与配合，保证装卸运输的顺利进行；

(4) 抓好重点船、重点舱和重点货的装卸任务。

港口企业建立调度会议制度的目的，是为了根据实际情况的变化进行企业相应的资源配置。港口企业随需求的变化，资源配置经常需要进行相应的变化，而这种资源配置的变化需要企业各生产管理部门的知情和协调配合。各类调度会议就是由企业各生产管理部门的相关主管参加，向其说明实时需求变化情况，告知需要变动的配置资源的会议。通过一系列调度会议，可以贯彻企业整体生产计划，调动配置企业的各类资源，完成企业生产任务。

由于港口生产调度会议是围绕着码头生产作业计划的制订、布置和生产作业计划完成情况的反馈而召开的，所以码头生产调度会议也相应划分为月度生产会议、旬度生产会议和每日生产会议（包括交接班会、生产计划预编会和生产会等），另外根据港口特殊的装卸任务也可临时召开一些生产会议。各港口企业调度会议制度有区别，其主要形式如表 2-1 所示。

表 2-1　港口生产调度会议一览表

会议名称	召开时间	主持人	参加者	会议内容
月度生产平衡会	每月一日	公司经理（或业务副经理）	公司各科室（队），有关部门负责人，航运、铁路、货主等有关协作单位的代表	(1) 传达集团公司对本月港口工作的指示和有关措施要求，协调码头与其他协作单位的联系及合作。 (2) 总结上月各项生产任务完成情况，下达本月任务，并提出有关措施和要求。 (3) 检查安全质量情况，分析薄弱环节，总结经验教训，研究重点对策与措施。 (4) 针对本月生产特点，决定采取必要的技术措施和组织措施，由公司各责任部门分别负责贯彻实施。
旬度生产会议	每旬第一天上午 8：00	业务副经理（或调度室主任）	同月度生产会议	(1) 传达上级对码头工作的指示和要求，检查上一旬生产任务完成情况和安全质量情况，布置本旬生产任务和安全质量要求。

续表

会议名称	召开时间	主持人	参加者	会议内容
				(2) 听取公司各部门生产和安全质量的情况汇报，了解须经公司领导协调、解决的生产和安全质量方面存在的问题。 (3) 针对存在问题及本旬生产任务、要求和特点，提出相应的意见和决定。 (4) 总结生产和安全质量工作的先进经验，并组织推广。
调度交接班会	每日上午8：00	调度室值班主任	调度室计划员、调度员，以及商务技安、机电、机械、库场、理货等有关责任人员	(1) 通报上一昼夜码头生产任务完成情况和安全质量情况，尤其是重点船、重点作业线的装卸工作有关情况。 (2) 布置本昼夜生产计划任务和各项安排，提出本昼夜装卸生产有关注意事项，如重点船、重点货、安全质量、协作平衡等。 (3) 有关职能部门汇报上一交接班会有关决定、措施的落实情况，针对存在问题和本昼夜生产作业事项，由调度室主任做出相应决定、措施，分头贯彻落实。 (4) 接班人员对交班情况提出咨询、意见，全面掌握有关信息，做到胸中有数。

续表

会议名称	召开时间	主持人	参加者	会议内容
昼夜生产计划预编会	每日上午10：00	调度室主任	调度室值班主任，调度计划员，以及客户服务、工艺、技安、机械、库场、理货等有关部门负责人	(1) 由调度计划员通报下昼夜生产作业预编计划以及劳动力、机械、泊位、库场初步安排情况，提出重点任务、安全质量注意事项以及车船货衔接要求。 (2) 各有关部门对昼夜生产作业预编计划提出意见和建议。 (3) 由调度室主任归纳总结、协调平衡，确定下昼夜生产作业计划，布置各有关部门做好准备工作。
四十八小时计划预编会（港、航、货三方平衡会）	每隔一天的下午3：00	调度室主任	调度值班主任、调度室计划员、有关运输和货主单位代表	(1) 由调度计划员通报48小时内到港船的预报时间、货种、数量、收货人等情况，并提出初步安排意见和对航运、货主有关单位的协作要求。 (2) 航运、货主等协作单位提出货物流向、接运方式、特殊装卸要求以及其他业务协作事项。 (3) 经港、航、货三方研究、协调、平衡，确认初步工作及安排，分头落实。
昼夜生产会议	每日下午2：00	公司业务副经理	调度室主任、调度室计划员、调度室调度员以及商务、技安、机械、装卸、库场理货等部门负责人	(1) 由调度室值班通报本昼夜生产计划完成情况和安全质量情况以及生产会议有关决定的执行情况。 (2) 由调度室计划员通报下昼夜生产作业计划安排，安全质量措施和有关注意事项。由工艺员提出下昼夜重点船、重点货的操作意见。

续表

会议名称	召开时间	主持人	参加者	会议内容
昼夜生产会议	每日下午2：00	公司业务副经理	调度室主任、调度室计划员、调度室调度员以及商务、技安、机械、装卸、库场理货等部门负责人	(3) 有关职能部门对昼夜生产作业计划的编制提出意见和建议。 (4) 经讨论、协调、平衡，由公司业务副经理(或调度室主任)做出有关生产会决定。
工班会	每日三班下班前一小时	调度室值班主任	调度员、单船指导员以及装卸、机械、库场、理货等部门有关人员	(1) 传达生产会决定和港区领导有关指示。 (2) 通报本工班生产作业进度和安全质量等情况。 (3) 布置下一工班生产作业任务，落实重点船、重点舱、重点货物的作业安排以及安全质量措施，并进行配工。 (4) 单船装卸指导员会同装卸、机械队长布置各工组开好工前会。
重点船(重点货)船前会	船舶抵港开工前	调度室主任(必要时由业务副经理主持)	公司有关职能部门负责人。有关货主单位和运输单位代表	沟通港、航、货等有关单位的情况，落实货物流量流向，确定接转方式，接运工具和卸载方案，预定开工时间，明确各方面的责任，分头贯彻落实。

2. 现场生产调度

一般港口除了调度部门外，在现场生产调度中还配有值班调度人员和装卸指导员（也称单船指导员），负责港口装卸生产的现场直接组织和指挥工作。

现场生产调度总的任务是：以昼夜生产作业计划和调度部门布置的任务为依据，具体负责所承担船舶的劳动力和机械设备的配置、装卸工艺和流程的落实，努力做到使各装卸生产任务能平衡、安全地进行。

我国现行的港口生产调度决策过程（主要体现在生产作业计划的制订过程）是一个多环节过程，决策中参与的人员较多。长期以来，我国港口生产调度决策与生产调度的手段落实后，已沿用几十年的传统方式是按照一种规范化的程式进行的，经验和生产会议是其中的关键。在信息变化迟缓的环境下，按这种方式运作还是有效的，几乎几十年没有发生什么大的改变。

企业生产过程是指为完成企业某一目标（或任务）而进行的一系列逻辑相关的活动的有序集合。港口企业生产过程则应是指港口企业为完成装卸、接运、储存等生产任务而进行的一系列活动。我国港口企业生产过程目前主要采用的是两层生产运作管理模式，这种模式已经通过几十年的运作形成了一套较稳定的职责分工方法。

在港口两层生产运作管理过程中，集团公司一层主要负责以下生产安排的决策：

（1）船舶到港后作业泊位的指定（指泊），即负责全港船舶作业任务分配；

（2）确定船舶作业总体进度及要求，对现场生产调度提出指示；

（3）确定重点装卸船舶的优先权，保证重点物资装卸；

（4）全港性资源的调配（如拖轮、浮吊、铁路专用线、二线库场等）。

装卸公司一层主要负责以下生产安排的决策：

（1）针对集团公司下达的生产任务，制订具体的生产作业计划；

（2）向集团公司申请全港性生产资源的使用；

（3）根据公司可以调配的生产资源，合理安排人力、设施、设备，以最经济的方式组织生产；

（4）负责生产过程中的现场指挥；

（5）及时反馈公司生产进度，对于生产中所遇到的重大问题请示集团公司。

三、港口生产调度部门的模式

目前，港口生产调度部门主要有两种组织模式，即中央控制室模式和调度室模式。

1. 中央控制室模式

（1）组织结构

所谓“中央控制”模式，就是港口企业设置中央控制室，由中央控制室负责企业生产资源的调配，中央控制室成为港口企业生产的组织指挥中心，生产计划的制订、装卸生产的组织、各种资源的调配，均由中央控制室统一进行，中央控制室是港口企业的生产指挥中心和枢纽。中央控制室模式是港口企业近 30 年来开始使用的现场生产组织指挥模式，是随集装箱运输的产生而产生的，近年来使用越来越广泛。

中央控制室的组织结构通常包括中央控制室主任和控制员：

中央控制室主任：中央控制室通常设主任一名、副主任若干名。主任上常日班，向公司负责装卸生产的副总经理负责，直接管理整个港区的装卸生产。中央控制室副主任通常上大三班，向主任负责，在当班时，直接管理整个港区的装卸生产。

控制员：中央控制室通常按平行方式设置若干名控制员，分别在当班时负责装卸生产某一部分的控制和管理工作。如在集装箱码头中央控制室，通常设置船舶控制员、场地控制员等，分别负责现场生产一个侧面的作业调度和控制。

（2）中央控制室模式的控制特点

港口装卸企业中央控制室通常需要以下设备进行支撑：

① 硬件设施。中央控制室一般需配置现场监控设备，能够在中央控制室对生产现场进行远程视频监视，以便实时控制和指挥；需配置计算机的无线终端，随时与中央控制室联系，接受作业指令，无线终端包括现场调度员、单船指导员的手持

机和码头岸机、进行水平运输的集卡等司机室配备的无线终端机；同时需配置中央控制室的基本设备，包括进行现场监控的大屏幕，与现场无线终端联系的设备和计算机中心。

② 软件设施。实行中央控制室控制模式的港口装卸企业必须实行全电脑信息控制，即必须具备完善的计算机应用软件系统。这些应用软件通常规模都很大，结构非常复杂，能够进行巨量数据的实时处理。目前有越来越多的信息技术被应用于港口企业的现场生产管理，如 RFID 技术、EDI 技术等，有些已经使用得非常成熟。

最早实行中央控制室模式的港口装卸企业是进行集装箱装卸的港口。集装箱是高度标准化和信息化的运输方式，便于全程使用计算机进行信息跟踪和调度指挥。以流程作业为主的大型散货装卸企业（包括干散货和液体散货）也大量使用中央控制室模式。使用中央控制室模式进行现场作业控制具有以下共同的特点：

① 作业方式标准化，以程序式控制为主。中央控制室模式适合使用于作业方式标准以程序控制为主的装卸企业。作业方式标准，就便于用电脑进行全程控制，而且标准化的作业流程，便于使用预先设计的程序，进行不是“智能化调整”，而是以“简单重复”为特点的作业控制。

② 全程作业机械化，自动化程度高。中央控制室模式适合于全程作业机械化、自动化程度高的装卸作业。全程作业机械化，就便于进行远程的电脑控制，可以通过视频监控在中央控制室进行作业指挥、管理和控制。

③ 人对装卸作业的影响小，作业的随机因素少。中央控制室模式主要指挥的是设备，而不是人，所以适用于人对装卸作业的影响小的货种和装卸企业，如集装箱装卸和散货装卸中的流程作业。由于作业主要以机械设备进行，有时是无人化、全封闭地进行，作业的随机影响因素就少，便于进行电脑程序化的管理和控制。

2. 调度室模式

（1）组织结构

所谓“调度室”模式，就是港口企业设置调度室，由调度室负责企业生产资源的调配，调度室成为港口装卸生产的组织指挥中心。生产计划的制订、装卸生产的组织、各种资源的调配，均由调度室统一进行，调度室是港口企业的生产指挥中心和枢纽。调度室控制模式是港口装卸企业传统的现场生产指挥控制模式，早年几乎所有的港口企业都以这一模式进行现场生产组织指挥。

调度室的组织结构通常设置调度主任、调度员和单船指导员。

调度主任：调度室设主任一名、副主任若干名。调度主任通常上常日班，向港口负责装卸生产的副总经理负责，直接管理整个港区的装卸生产。调度室副主任通常上大三班，向调度室主任负责，在当班时，直接管理整个港区的装卸生产。

调度员：调度室设调度员若干名。各个港口装卸企业调度员分工方式有区别，有的按码头泊位分工，每个调度员在当班时负责若干个泊位的装卸生产管理；有的按作业线分工，设置铁路调度员、机械调度员、驳船（卡车）调度员等；也可能两种分工方式兼用。调度员通常上大三班，当班时对调度室值班主任负责。

单船指导员：调度室设单船指导员若干名。单船指导员负责一条船（一个泊位）的装卸作业，通常上大三班。单船指导员可能从属于调度员，当班时对某一调度员负责，也可能与调度员平行，当班时对调度室值班主任负责，不同装卸企业设置方式有区别。单船指导员与调度员的分工区别通常在于调度员负责管理一个面，而单船指导员负责管理一个点。

（2）调度室模式的控制特点

使用调度室组织模式进行装卸生产指挥和控制的通常是件杂货港口。件杂货货种复杂，包装形式多样，机械化程度迄今有限，标准化程度比较差，所以无论是在装卸作业中还是现场生产的指挥中，人仍然起着非常重要的作用，一般使用调度室控制模式。调度室模式控制有以下特点：

① 人在装卸作业中仍然起主要作用。调度室模式适用于人在装卸作业中仍然起主要作用的情况。港口货物装卸虽然机械化程度日益提高，但仍然有一些作业无法使用机械或无法主要依靠机械。这样的装卸作业显然无法进行远程控制和程序化控制，必须由调度员、单船指导员进行现场的贴身指挥和控制。

② 随机因素多，必须由人进行“能动式控制”。调度室模式适用于标准化程度很低，随机因素多的装卸作业。这样的装卸作业比较容易偏离计划，必须由人进行能动式的调整，即偏离原来设定的计划，根据现场变化了的情况，进行“智能化”（而不是程序化）的调度和控制。因此，调度员、单船指导员的现场指挥显然更具有优势。

第三节　港口生产统计指标

港口企业是国民经济和整个运输系统的重要组成部分，港口的生产经营活动应满足国民经济、运输市场发展和人民生活的需要，并追求良好的经济效益。对港口生产经营管理活动进行评价，采用的是一系列指标体系。在计划中所规定的各项指标构成的是计划指标体系；根据企业生产经营实际活动情况而构成的是统计指标体系。

根据港口生产经营特点，港口生产统计指标体系主要由下列统计指标所组成：

（1）生产经营成果统计指标；

（2）安全质量统计指标；

（3）劳动生产率统计指标；

（4）生产设备（设施）及运用统计指标；

（5）船舶在港停留时间统计指标；

（6）燃料、物料消耗统计指标；

（7）财务收支及资金占用统计指标；

（8）经济效益统计指标。

上述统计指标体系中的指标，按其说明问题的性质可以分为数量指标和质量指标。数量指标反映港口生产经营活动的规模和能力，它们通常用绝对数表示，如吞吐量、装卸自然吨、操作量、堆存货物吨天、泊位数、库场总面积等。质量指标反映港口生产经营活动的效果和质量，它们通常用相对数、平均数和比例、比值、百分比等来表示，如装卸工人劳动生产率、船舶装卸效率、操作系数、泊位占用率、直取比重、不平衡系数、船舶平均每装千吨货在港停时单位装卸成本、库场容量运用、装卸机械利用率等。

一、 吞吐量指标

1. 吞吐量

港口吞吐量分货物吞吐量与旅客吞吐量。旅客吞吐量是指经由水运乘船进出港区范围的旅客人数。货物吞吐量是指经由水运运进、运出港区范围，并经过装卸的货物数量。

港口客、货吞吐量是衡量港口生产任务大小的主要指标。它反映港口在整个国民经济物资交流中所起的作用，是进行港口规划、建设、劳动力配备和计划管理的主要依据。从它的组成、流向、流量的变化，又可反映出各港口之间的经济联系、腹地范围及其生产配置和对外贸易发展等情况。

货物吞吐量根据各港口实际情况与需要，一般都划分货类、流向、航线、内外贸和装（卸）货港等分别进行统计。根据规定，货物吞吐量的计算方法如下：

（1）自本港装船运出港口的货物，计算一次出口吞吐量。

（2）由水运运进港口卸下的货物（包括建港物资）计算一次进口吞吐量。

（3）由水运运进港口经装卸又从水运运出港口（包括船—岸—船，船—船）的转口货物，分别按进口和出口各计算一次吞吐量。

(4) 凡被拖带或流放的竹、木排，在本港进行装卸（包括拆、扎排）者，分别按进、出口计算吞吐量。

(5) 补给国内、外运输船舶的燃物料（不包括船用淡水及生活用品），计算一次出口吞吐量。

(6) 对邮件及办理托运手续的行李、包裹，计算进口或出口吞吐量。

下列情况，不计算货物吞吐量：

(1) 在本港港区范围内的短途运输（包括轮渡）物资，以及为运输船舶装卸货物服务和港区之间转库的驳运量。

(2) 在同一市区内，港与港之间的货物运输。

(3) 由同一船舶运载进港，未经装卸又运载出港（包括原驳换拖）的货物。

(4) 自同一船上卸下，随即又装上同一船舶的货物，或装船后未运出港，又卸回本港的货物。

(5) 路过的竹、木排，在本港进行原排加固、小排并大排或大排改小排等加工整理的。

(6) 渔船或其他船舶直接自江、海、湖泊中抽捞运进港口的水产品以及挖掘的河泥。

(7) 在港区内装船运至港区以外倒入海内的废弃物。

统计吞吐量时一般规定：

(1) 统计吞吐量的截止时间，一律以年、季、月最后一天的 18 点为截止时间。

(2) 货物吞吐量一律按重量吨统计，以吨为计量单位。按进出口交接清单上记载的货物实际重量为依据。

(3) 以港口货物进出口交接清单为统计依据。

2. 集装箱吞吐量

集装箱吞吐量现基本是按国际标准集装箱统计，计算单位常为 TEU，也可用吨为单位计算。

一个标准 20ft 集装箱计算一个 TEU，其他箱型按各自的换算系数折合成 20ft 标准箱（TEU）进行统计。国际标准集装箱换算系数的计算公式为：

换算系数＝集装箱自然长度英尺/20英尺

因此，常用一个40ft箱计2个TEU，一个45ft箱计2.25个TEU。

按重量吨统计时，集装箱应视为货物的外包装箱，不论空箱或重箱，箱的自重一并计算吞吐量。

二、 装卸作业指标

港口装卸作业指标包括装卸自然吨、操作量、操作系数、装卸工日产量、装卸工时效率、装卸作业机械化程度等。在港口装卸作业指标统计工作中，分为全港统计和本港统计。全港统计指在港口区域内所有港口的装卸作业统计，而本港统计仅指对港务局管辖的港口、锚地、浮筒以及库场上进行的装卸作业的统计。随着货主港口能力的增加，这两种统计数据相差正在扩大。

1. 装卸自然吨

装卸自然吨是指进、出港区并经过装卸的货物数量，一吨货物从进港到出港（包括水进水出，陆进陆出，或只进不出，只出不进的物资，以及用于港内消耗的建港物资等），不论经过几次操作，均只计算一个装卸自然吨。

在计算装卸自然吨时，除进港后不再出港，在港区消耗的建港等物资是在进港时统计外，其余一律于装船或装车出港时统计。

装卸自然吨和吞吐量一样都是港口装卸工作的主要指标，它与吞吐量之间的主要差别是对于水水中转的货物，在港口进行换装作业时，每一装卸自然吨计算为两个吞吐吨，而水陆中转则计算为一个吞吐吨。由于装卸自然吨不随货物流程的变化而改变数值，因此常被用来作为计算港口装卸成本的计量单位。

2. 操作量

要定义操作量，首先应知道什么是操作过程。所谓完整的操作过程，是指货物由某一个运输工具（船或车）到另一运输工具（船或车）或库场，由库场到运输工具或库场的整个装卸搬运过程。操作过程由舱内、起落舱、水平运输、库场、车内等装卸工序组成，装卸操作过程一般分为：

(1) 船（驳）—船（驳）；

(2) 船（驳）—车；

(3) 船（驳）—库场；

(4) 车—车；

(5) 车场—库场；

(6) 库场—库场。

上述“车”包括火车、汽车及其他车辆，但不包括从事船—库场之间进行水平搬运的车辆。

操作量是指通过一个完整的操作过程所装卸、搬运的货物（箱）数量。其计量单位是操作吨或 TEU。在一个既定的操作过程中，一吨货物不论经过几组工人或多少装卸机械的操作，也不论运输距离的远近，是否有辅助作业，均只计算一个操作量。吞吐量和装卸自然吨反映的是港口装卸工作的物资量，而货物在经过港口时往往要经过多个操作过程，操作量指标就反映了港口在完成上述产量时所消耗的工作量的大小。

同一库场内的倒垛、转垛属库场整理工作，翻舱、拆包、灌包、缝包、摊晒货物、过秤等属于辅助作业，一律不得计算为操作量。

操作量是反映装卸工作量大小的数量指标。编制计划时操作量是根据分货种的装卸自然吨排出操作过程计算确定的；在统计时，则是根据报告期实际数量计算求得的。

3. 操作系数

操作系数是指货物操作量与装卸自然吨之比。它用于测定每吨货物在本港作业区内的平均操作次数，是考核和反映港口装卸工作组织是否经济合理的主要指标之一。

$$操作系数=\frac{操作量}{装卸自然吨}$$

由于每吨货物通过港口至少要经过一次装卸，因此操作系数总是≥1。如果港口全部作业以直取方式进行，则操作系数等于 1；如果港口有部分作业以间接方式进行，则操作系数>1。

在一般情况下，操作系数低的港口，直取比重高，库场需求量少，完成换装作业所消耗的劳动量小，成本低，货损也少，通常这是港口生产组织管理工作追求的目标。但这也必须根据实际情况决定，有时为了确保船期和提高车船装卸效率或为了减少因车船之间的相互等待所造成的时间损失，采用进库场的间接换装是更合理的，会取得更好的经济效益，故不能盲目追求操作系数的降低。当然，在一般情况下，我们还是要求加强管理协调，尽可能降低操作系数。

三、 船舶停时指标

船舶停时是船舶在港停留时间的简称，是指船舶自进港直到离港的时间间隔。反映各类运输船舶在港停泊时间的构成及其停时原因，为港口计划管理工作提供资料和依据，为确定港口通过能力提供科学依据。凡在港口所属范围进行装卸作业的运输船舶，均应列入统计。指标包括：

1. 船舶停泊总艘时

指报告期内船舶在港停泊时间的总和。它由生产性停时、非生产性停时、自然因素停时三部分组成。计算单位为“艘时或艘天”，统计时以小时为单位，然后除以 24 折算为艘天。

（1）生产性停泊时间：指船舶在运输生产过程中所必需的停泊时间。包括装卸作业时间、船舶移泊时间和其他生产性停泊时间。

① 装卸作业时间：包括装卸前后的准备时间、纯装卸作业时间、补给燃物料及淡水时间、辅助作业时间（如扫舱等）。

② 移泊时间：指装卸作业计划中规定或因码头泊位条件的限制，必须从一个泊位移至另一泊位作业的时间。

③ 其他生产性停泊时间：指属于上述各种生产性停泊时间以外的其他生产性停泊时间，如船舶联检时间等。

（2）非生产性停泊时间：指因装卸组织工作不善、船舶到港不均衡、单证信息或货物不能按时集中等运输生产过程中非必需的停泊时间。它包括港方原因、船方原因、物资部门原因等造成的、非生产性停泊时间。

① 港方原因：指因港口劳动力不足、设备故障或调度不当等属于港方责任而造成的非生产性停泊时间。

② 船方原因：指因船方责任造成的非生产性停泊时间。包括等运行调度命令、等单证信息、等船员、船上装卸机具和照明发生故障等造成的停泊时间。

③ 物资部门原因：指由于物资部门责任，如因货物不能按时集中或疏散，流向未定不能开工作业等原因所造成的非生产性停泊时间。

④ 其他非生产性停泊时间：指上述各种非生产性停泊原因以外的其他非生产性停泊时间，包括联检、植检、商检、熏洗舱、工人换班和吃饭等造成的停泊时间。

（3）自然因素停泊时间：指因自然因素影响而造成的停泊时间。包括因风、雨、雪、雾等不能作业，高温季节工人工间休息，候潮进出港等所造成的停泊时间，船舶到指定地点避风的停泊时间及其往返的航行时间。

2. 非生产性停泊所占比重

是指船舶在港停泊时间中，非生产性停泊时间所占的比重，以百分比表示。

$$\text{非生产性停泊所占比重}(\%)=\frac{\text{非生产性停泊时间总艘时数}}{\text{船舶停泊的总艘时数}}\times 100\%$$

该指标一般反映着港口对船舶装卸作业各环节衔接与组织的水平，也有统计港方因素停泊时间所占比重，其意义类似。

3. 船舶停泊艘次数

该指标是指报告期内在港停泊船舶艘次的累计数。一艘船舶从进港到出港不论单装、单卸或又装又卸双重作业，不论是否移泊或移泊次数多少，均只计一次船舶停泊艘次。计算单位为“艘次”。

4. 船舶作业艘次数

是指报告期内在港装卸作业船舶艘次的累计数。一艘船舶在港单装、单卸按个船舶作业艘次计算，又装又卸双重作业按两个船舶作业艘次计算。计算单位为“艘次”。

5. 装卸作业吨（箱）数

指报告期内在港作业船舶实际装卸货（箱）数量的累计数。计算单位为“吨”或“TEU”。

四、 港口生产设备应用指标

港口生产设备是港口企业经营的物质基础，它包括码头泊位、仓库堆场、装卸机械、港内运输工具、港内铁路装卸线等。港口生产设备运用统计指标，为港口建设计划、规划及经营管理决策提供科学依据，为扩大港口通过能力、提高港口企业的经济效益提供资料和依据。

1. 码头泊位运用指标

反映码头泊位的运用状况，为挖掘码头生产潜力、扩大港口通过能力、提高港口企业的经济效益提供资料和依据。主要包括泊位作业率和泊位占用率。

（1）泊位作业率

泊位作业率是指泊位作业用时间与泊位日历小时数的比重，它说明码头泊位进行装卸作业的使用情况。

泊位作业时间指泊位占用时间中进行装卸作业的时间，包括装卸前后的准备、结束时间，纯装卸时间，补给供应及其他作业时间。

（2）泊位占用率

是指泊位占用时间与泊位日历小时数的比值，它反映泊位综合利用程度。其计算公式是：

$$\text{泊位占用率}(\%)=\frac{\text{泊位占用小时数}}{\text{泊位日历小时数}}\times 100\%$$

① 泊位日历小时数是指报告期全部装卸生产用泊位在册日历小时数总和。它包括占用小时数和非占用小时数。

② 泊位占用小时数是指泊位日历数中，实际停靠船舶所占用泊位的时间，包括装卸时间和非装卸时间。泊位占用时间的计算，应从船舶靠泊系妥第一根缆绳时起，至船舶离泊解完最后一根缆绳时止。

③ 计算泊位占用时间，要以既定的泊位数为准。即一个既定的泊位，停靠船舶 1 小时，不论是停靠一艘还是两艘及以上船舶，都只能计为占用一个泊位艘时，不能计算为两个或两个以上的占用泊位艘时。只计算直接停靠码头之船舶所占用的时间，至于停靠外挡的船一律不予计算。

2. 库场运用情况指标

库场运用情况指标反映的是港口企业的仓库和堆场运用情况的指标。它的统计范围是港务局营业用的所有仓库和堆场。包括待修、在修、租人及借人的仓库和堆场。但不包括批准封存、出租、外借以及非营业用的仓库堆场。

库场使用情况的好坏会影响到码头泊位的能力能否得到充分的发挥，还在一定程度上反映出港口的集疏运系统的畅通程度。反映库场运用情况的指标主要有：货物堆存量、货物堆存吨（箱）天数、平均堆存期、库场平均容量、库场周转次数、库场利用率。

(1) 货物堆存量

货物堆存量又称堆存吨（箱）数，是报告期内港口仓库和堆场实际堆存货物的累计吨（箱）数。它是反映港口库场堆存量大小的指标，其计算公式为：

$$\text{货物堆存量} = \text{期初结存货吨(箱)数} + \sum \text{报告期每天进栈的货吨(箱)数}$$

(2) 货物堆存吨（箱）天数

指报告期仓库、堆场堆存货（箱）数量与其堆存天数乘积之和。它是反映堆存工作量的综合指标，不仅反映货（箱）堆存的数量，而且反映货（箱）堆存的时间。单位为“吨天”或“TEU 天”。

$$堆存吨(箱)天数 = \sum[货物堆存吨(箱)数堆存天数]$$

$$堆存吨(箱)天数 = \sum 报告期每天结存数 + \sum 报告期每天出库场货物数$$

(3) 平均堆存期

指报告期每吨（箱）平均在仓库、堆场堆存的天数。它是反映货（箱）在库场内的滞留时间，即堆存时间长短的平均指标。计算单位为“天”。

$$平均堆存期 = \frac{堆存吨(箱)天数}{堆存吨(箱)数}$$

在计算平均堆存期时，报告期的时期长度应适当扩大（至少为一个季度），否则当货（箱）跨时期堆存时，计算的平均堆存期与实际情况会不符，即比实际堆存时间要短。平均堆存期短，说明货（箱）的流转快，滞留时间短，能避免港口堵塞，扩大码头吞吐能力。

(4) 库场平均容量

指报告期内平均每天拥有的库场堆存能力。计算单位为“吨”或“TEU/天”。

$$库场平均容量 = \frac{\sum 报告期每日库场总容量}{报告期日历天数}$$

(5) 平均每天堆存吨（箱）数

指报告期平均每天堆存的吨（箱）数量。计算单位为“吨”或“TEU/天”。

$$平均每天堆存吨(箱)数 = \frac{堆存吨(箱)数}{日历天数}$$

一般来说，平均每天堆存吨（箱）数越接近平均容量，说明库场利用相对较好，但还需结合平均堆存期指标进行综合分析，如果平均堆存期长，则虽然利用率高，但有可能导致库场积压，影响码头通过能力。

(6) 库场利用率

指报告期平均每天堆存吨（箱）数与平均容量的比值。它是反映库场容量利用程度的指标。计算单位为“%”。

$$库场利用率=\frac{平均每天堆存吨(箱)数}{平均容量}\times100\%$$

(7) 库场周转次数

指报告期仓库、堆场容量平均堆存货物次数。它是反映库场设备使用的频繁程度的指标，周转次数越多，货（箱）的流转速度就越快，要提高周转次数，就应在一定的容量情况下，增加堆存数量，同时缩短货（箱）的堆存时间。计算单位为“次”。

$$库场周转次数(次)=\frac{堆存吨(箱)数}{平均容量}$$

3. 装卸机械运用统计指标

该类指标反映装卸机械所处状况及使用情况，为装卸机械的维修、保养、报废和选择机型提供依据。

(1) 完好率

是指装卸机械日历总时间中机械完好时间所占的比重。计算单位为“%”。

$$机械完好率=\frac{完好台时}{日历台时}\times100\%$$

机械完好台时，是指装卸机械技术状态良好可供使用的台时，包括工作台时与停工台时。

日历台时，是指装卸机械在册天数乘以 24 小时的乘积。

(2) 利用率

是指在装卸机械日历总时间中机械工作时间所占的比重，反映装卸机械的利用程度。计算单位为“%”。

$$机械利用率=\frac{工作台时}{日历台时}\times100\%$$

(3) 平均台时产量

是指平均每台装卸机械每小时所完成的起运货（箱）数量，反映装卸机械的装卸效率及码头整体管理组织水平。计算单位为“吨”或“TEU/台时”。

$$平均台时产量=\frac{机械作业量}{工作台时}$$

第四节 实训项目

一、实训任务

实训任务为港口调度认知。

二、实训目的

通过实训，增强学生对港口调度工作的感官认识，熟悉调度工作内容。

三、实训要求

（1）严格按照现场指挥人员进行参观，注意安全。

（2）若企业允许，可携带手机、相机等辅助工具记录参观过程。

（3）按时完成实训报告。

四、实训操作规范

（1）通过现场参观或教学录像形式，使学生熟知港口调度工作内容。

（2）要求学生撰写参观实训报告、总结调度工作内容、绘制流程图。

（3）教师修改与评价。

五、实训资料

教师应事先准备有关港口调度的资料。

项目三　港口的库场管理

教学要求：

1. 了解港口库场管理的功能，类型及主要内容。
2. 掌握港口库场堆存作业与计划的基本程序与方法。
3. 掌握实训项目。

第一节　港口库场管理的内容

一、港口库场的定义、功能与类型

1. 港口库场的定义

从一般意义上说，港口是水上运输和陆上运输的衔接点和枢纽，只有通过它的换装作业，才能完成水陆运输的转换。然而，不论是起运港、中转港还是到达港，由于车船衔接、货物数量、发货密度以及自然条件等客观因素影响，必然会产生不相衔接的情况。于是，要求港口具备货物的集散和短期保管的功能，以解决或缓冲这种不衔接、不均衡现象。港口中起着路、港、航衔接的纽带作用的场地和设施就是港口库场。

港口库场是指港口为保证货物换装作业正常进行，防止进出口货物丢失、损坏而提供的用于储存与保管货物的仓库、货棚、堆场、货囤、筒仓和其他建筑构的总称。它是港口的极其重要的组成部分，也是整个运输过程中不可缺少的重要环节。

不同港口的库场建筑物的类别和需要的面积不同，其中集装箱港口需要大量堆场和少量后方仓库进行装拆箱作业；杂物港口需要使用仓库、货棚、堆场等多种建筑物与较大的占地面积；油港只要油槽和管道，其占地面积往往较小。

港口库场与港口泊位、装卸机械、疏运设备一起构成了港口生产能力设施。

2. 港口库场的功能

在现代港口物流系统中，大批货物要从各地发货人那里运送到港口。由于货物种类多，运往的地点不同，因此这些到港等待装船的货物事先要在港口不同仓库、堆场进行集中和组合。进口货物抵港卸载，许多货物来不及由铁路公路或水路中转出去，这些货物也需要在港口库场储存。因此，港口库场在现代运输组织中是不可缺少的，具有重要的作用。

港口库场的功能主要有以下几个方面：

（1）货物的集散功能

从宏观角度来讲，港口是水陆运输的衔接点，需要海上运输的货物从陆地或内河港口集中后装船，再由船舶运往各地；经海上进口的货物在港口卸货后，再通过内河、陆地运输向腹地扩散。

从微观角度来讲，为了把小批量的货物集成足够的船舶一次载货量，出口货物必须在港口库场集中；为了能按正确顺序装载，需按积载图进行堆装，出口待运货物必须在港口库场重新组合；为了提高货物的装卸效率，小件包装货可能需要组成较大的单元，货物也留在港口库场集中组合；为了使船舶卸货作业顺利进行，许多进口货物先经过库场，再通过各种运输工具向不同方向及时运出。因此，港口是货物水陆运输的必经集散地，除了少量直接转换的直取作业之外，绝大多数货物的换装作业都在港口库场展开。

（2）调节与缓冲功能

由于货流的不平衡和运输生产的不平衡，到港货物和船舶会呈现出非均衡性，这导致船货衔接难以做到直接对口。此外，在不同运输工具之间的换装过程中，由于不同运输工具在技术条件、运行组织及载货量上的差异，有可能出现不协调现象。

港口库场将各种运输工具的衔接截然分开，在船、货之间和运输工具之间，起到调节和缓冲作用。

（3）实施货运作业的功能

出口的货物，由于货物性质各异、种类繁多，包装形式各式各样，运输条件不同，港口在承运时，需要检查货物及其包装，承运后要根据货物的不同理化性质和包装进行分配、积载、成组、装箱（集装箱拼箱）等。有的中转货物需要在港口库场进行灌包、捆包业务。进口的货物，由于分属许多不同收货人，必须卸入库场进行分票、点数、拆箱等。此外，对进出口外贸货物，还要在港口库场办理各种海关的结关及检疫等手续。损坏的货物需要在港口库场进行检查、修补、重包等工作。总之，港口库场是进行进出口货运作业的重要场所。

（4）保管货物的功能

当进出口货物卸入港口库场，库场与交货方办妥交接手续后，就对货物的数量、质量承担起责任。为保证入库场货物的完整无损，必须针对货物的不同特性将其储存在最合适的仓库或堆场，配备必要的设施，采用科学的管理方法，使入库货物处于良好状态，这也是港口库场的功能之一。

港口库场的保管货物的功能不同于以保存货物为目的的仓储业务，货物仓储时间可长可短，而港口库场则以集散为目的，它的主要任务是保证进出口货物畅通无阻，加速库场的周转，为货物的装船与卸船服务，不适合货物的长期存放。

由于种种原因，港口库场的储存性对于港口特别是外贸港口来说是必不可少的。在港口向货主提供长期堆存服务前，港口经营者必须完全把握以下几个因素：港口有足够的储存能力；储存作业管理质量高、效率高；货物在港的长期储存不会干扰货物装卸作业和中转储存；货物的仓库保管费用高于港口支出的成本。另外，作为具有长期堆存功能的那部分库场设施，必须建在远离码头前沿的地方，最大限度地减少对码头日常生产活动的干扰。

3. 港口库场的类型

每个港口都拥有一定数量及不同种类的仓库和货场，港口库场的种类可以从建筑特征、库场所处的位置和所保管的货物类别等方面来进行分类。

(1) 按建筑特征可分为露天货场、货棚、仓库、货囤等

露天货场是用来堆存适于露天保管的货物，按地面条件可分为：自然地面、一般加工地面、砌石地面及混凝土地面等。自然地面是仅在自然的土地上加以平整后用于堆放货物的货场，一般仅适于堆存不怕水湿与日晒的货物，如矿建材料中的沙、石等。一般加工地面是对自然的地面进行了一般加工而形成的货场，如经填土整实、敷设排水设施等。这是一种简易货场，一般用于堆存不怕水湿的堆装货物，如煤炭等。砌石地面是用石块铺砌地面的货场，在有铺整和遮盖的条件下，可以堆存普通的件货，如袋装的盐等。混凝土地面的货场是比较好的露天货场，凡适用于露天堆放的各类货物均可使用。在有铺整和遮盖的条件下，混凝土地面可以堆存普通的件杂货。

货棚又称为半露天库房，只有棚顶，四周不围闭。货棚主要用于遮挡雨水和日间直射的阳光。货棚是一种简易建筑物，可用于临时性或短期的堆存货物。货棚具有较好的通风条件和极为方便的搬运堆装操作条件，适合于有危险气体挥发的货物和重大件货物的存放，港口较多存放和作业这类货物则可以建造固定式的货棚；而季节性使用的港口则可以设计成流动或可拆装的货棚，供雨季使用。由于货棚保管货物的条件不如仓库，又不如露天货场方便作业，港口往往较少使用。

仓库一般为封闭的建筑物，有单层仓库及多层仓库两种形式，主要有砖木结构和钢土结构两种，库内设有必要的通风、防火设备，可用于堆存件杂货，仓库具有防风雨、雪、潮、日晒的功能，用于存放需防潮、防湿、防晒的货物。对于一些有特殊功能的仓库，如冷藏仓库、油库、粮食筒仓、危险品仓等，就是针对货物保管和作业条件专门设计和建造的仓库，这些专门仓库的用途都很单一。仓库是港口库场的最重要的

设施。

货囤，是一种水上仓库，一般有铁质的或水泥制成的有顶盖的平板驳船，也有用废旧船舶改建成的，既可以停靠船舶进行装卸，也可以在舱面及舱内堆存货物。由于港口陆地用于建造仓库的地方不多，在水面上以漂浮的方式或在水中围闭水域的方法建造水上仓库，可以增加港口的存货能力。对于水陆周转的货物，通过水上仓库的临时存放最方便换装。近年来，由于国际运输油轮的超大型化，许多港口因水深限制不能直接进港卸油，往往采用在深水区设立大型水面油库作为仓库转驳运油。

(2) 按库场所处的位置可分为前方库场、后方库场等

前方库场是指设置在接近码头前沿的仓库或货场，它能缩短货物搬运的距离，提高港口的装卸效率，同时也能减少泊位与库场间流动机械运行的干扰。特别是水位落差特别大的斜坡式码头泊位，在低水位时，从陆上库场搬运货物装船或将货物从船上卸到陆上库场，坡度陡，搬运距离长，势必延长船舶作业时间，若能尽量开辟水上库场，将木材之类的能在水面储存的货物放在水上库场，或者利用货囤，临时堆放一部分装船、卸船的货物，为陆上库场与船之间长距离搬运方式提供缓冲条件，无疑将有效地压缩船装载和卸载时间。前方库场都是用于堆存期较短的货物，为配合快装快卸，这类库场应该保持较高的周转率。对于那些保管期超过发船间隔时间的货物，有必要予以转栈，使前方库场保持畅通。

后方库场是指在吞吐量大的码头泊位设置足够大面积的库场，可以为前方库场分担堆存压力。虽然有充足的前方库场是装卸船能否高效进行的关键，但是如果没有足够的后方库场作为前方库场的补充，则前方库场可能会被堵塞。设置在离码头前沿较远的后方库场可以堆放不直接影响装卸船效率的货物，如货主要求预先进场的货物，前方库场短期内未提走以及收货人要求不提走的货物等。当然，在吞吐量较小的港口是否需要设置后方库场，除要根据吞吐量、前方库场的容量、能力和疏

运条件等综合考虑外，也应考虑港口的功能、商业仓储服务的需要，再进行全面权衡，方能确定。

（3）对大型港口可考虑设置进口库场、出口库场及中转库场

考虑到货物通过港区库场有几种形式，如进口、出口、中转等，为了取得较好的经济效益及便于组织管理，对大型港口还可考虑设置进口库场、出口库场及中转库场。

进口库场是为进口货物及卸船服务的库场，对于大型港区还可以考虑进一步划分杂货进口库场、大宗货进口库场、南方进口、北方进口及远洋进口库场等。

出口库场是为出口货物及装船服务的库场，在需要的情况下也应像进口库场一样作进一步划分。

中转库场是对于联运换装港口，设置专为中转货物服务的库场，为了适应需要，还可以按水陆中转或水水中转分别设置。水陆中转库场设置的位置主要根据水陆换装货物入库量占港口货物总入库量的比重大小决定：如果水陆换装的入库量占总入库量的比重较大，陆路接运衔接的条件又较好，为了提高换装效率可将水陆中转库场设置在靠近码头前沿的位置；反之，当换装入库量占总入库量的比重不大，车辆接运间隔时间较长或接运能力较小，应将水陆中转库场设置在距离码头前沿较近的位置。有的港口水水中转货物入库量较大，为了适应需要，可设置水水中转库场。当水水中转的货物进、出口均需通过码头泊位时，一般不宜将水水中转库场设置在远离码头前沿的地方，除非接运船舶的发船间隔时间长，而且前方库场面积紧张。

除了以上分类方法外，按所保管的货物类别，还可分为普通库场及煤场、矿石堆场、仓库、油库、冷藏库、危险品仓库等。

二、 港口库场管理的主要内容

1. 港口库场的任务

港口库场具有的货物集散、调节与缓冲、实施货运作业、

保管货物的作用和功能，使得港口在库场管理中需要承担货物交接保管、保持库场通畅的基本任务。

（1）负责货物的收发、承担货物的保管

货物进港由库场负责作业指导，在港货物的收发也由库场承担，未提货物就由库场负责保管。库场收发货物要坚持高度的责任心和科学的工作态度，做好货物的交接验收；要对不同的货物采取合理、科学和正确的方法堆放、保管，保证货物的良好状态。

（2）加强库场的疏运，确保库场畅通

港口库场是港口货物周转的集散地，库场货物的周转速度决定了港口的货物周转能力。港口库场要加强疏运，挖掘库场容量，确保库场满足港口货物周转的需要。

2. 港口库场管理的基本目标

为了使港口库场在运输生产中充分发挥它的作用，适应港口年货运量不断增长、货物种类的不断增多、包装形式的不断多样化、装卸技术的不断提高、货主对港口库场的储存要求不断增加的需要，港口需要不断加强对库场的储存作业管理。

库场管理的基本目标有以下几个方面：

（1）建立切合实际的有效管理制度，对库场实行计划管理、标准化管理，使整个库场处于良好的管理状态；

（2）使用科学的管理方法，以充分利用库场的堆存能力，加速库场周转，扩大库场的通过能力，确保进出口货物畅通无阻；

（3）完善库场的货运作业，按照货运规章的要求，正确处理有关票证和单证，做好信息储存、查询和统计工作；

（4）采取正确的技术措施，完善库场的护货设施，以保证入库货物的完好无损。

3. 港口库场管理的基本工作

为了实现上述库场管理的基本目标，把业务管理范围十分广泛而又繁杂的岸场管理工作做好，必须做好以下几个方面的具体管理工作：

（1）库场堆存定额指标管理，包括库场有效面积定额、仓容量定额、堆存技术定额、堆存使用定额等。

（2）库场计划管理。制订切实的库场年度工作计划，根据堆存能力和准存需要情况编制月度、旬度及日常堆存作业计划等。

（3）货物入库作业管理。建立入库货物的验收制度和办法，规定签发入库票据及台账登记的办法等。

（4）堆码管理。推行堆码标准化管理，根据堆码的要求，对堆码的形式、堆码的技术、方法予以标准化，规定堆码注意事项，使库场处于科学管理状态。

（5）库场货物的保管。完善护货设施的管理，根据货物不同的理化性质，确定正确的防湿、防霉、防虫害、防锈蚀等技术措施。对于冷藏仓库、危险品仓库制定特殊的技术管理措施等，以保证仓库货物的完好无损。

（6）货物出库作业管理。规定提货的手续，制定货物出库的放行办法，更新台账内容，做好信息储存工作，为统计、查询和编制计划提供依据和信息。

（7）库场的安全管理。库场的安全管理是其他一切管理工作的基础和前提，具有十分重要的意义。做好库场的安全工作，是库场工作中的头等大事，也是每个库场工作人员的重要任务。

（8）其他方面的管理。包括各种统计资料、报表的管理和查询等工作。

第二节　港口库场的堆存计划

一、库场堆存面积的计算

如果港口库场有足够的面积来接纳将要入库的货物，那么编制堆存计划只需将每票货物分配到货位即可。

但是在许多情况下，库场不能提供充裕的堆存场地，特别是前方堆场和仓库的面积更为紧张。这样，计划者就必须将库场可使用的面积与入库货物所需要的面积进行比较，然后作出安排。由于每单位重量的入库货物所要的面积不是一个常数，它是随货物的种类、包装与装卸保管方式等的变化而变化的，所以计算每票货物所需库场堆存面积是编制堆存计划者经常要做的一项重要工作。库场的堆存能力，就是库场所能容纳的最大货物堆存量。库场面积是其堆存能力的主要因素，而货物本身也是一个重要因素，如货物的装卸特性，即货物的尺码、包装，货物的体积与重量比，可堆到多高，每票货物之间应怎样分隔等。

库场堆存能力不仅受库场堆存面积大小的影响，而且也受库内堆存货物的自然特性和装卸特性的影响。前方仓库和堆场的堆存能力主要取决于：可用堆存面积、货物的堆垛高度、货物的积载因素和亏仓情况。下面就这四个因素分别进行阐述。

1．可用堆存面积

在计算仓库的堆存容量时，首先要计算出它的可用堆存面积。仓库的可用堆存面积并不是仓库的地面总面积，而是实际能用于堆货的地面面积。实际用于堆货面积，是从库场的地面总面积中扣除一系列不能使用的面积，如货堆间的通道、支柱、仓库围墙周围的安全空间、办公室，设备的通道以及预防火警和其他突发事件时用作通路的安全空间等。

库场面积利用率是在扣除了一系列不能用于堆存的面积后，可用于堆存的面积占总面积的比例。典型的前方杂货仓库库场面积利用率通常在59％～69％。当库场面积利用率低于这个数字，就说明库场面积的使用情况不佳。

增加前方仓库可用堆存面积可增加仓库的堆存容量。增加前方仓库可用堆存面积的通常方法是：减少仓库门数、减少通路和主要通道的宽度、减少办公室的面积或把办公室移到仓库之外等。但必须注意，谨防过度提高库场面积利用率，这会导致堆存作业的困难。

2. 堆垛高度

有效地利用垂直空间常常是增加库场堆存能力的最简单、最经济的方法之一，垂直堆垛不足是库场能力未能达到应有指标的一个主要原因。在保证货物堆垛是安全的、库场地面承受的载荷不超过许可限度情况下，尽可能提高货物堆垛高度是提高库场堆存能力的最有效的方法之一。

然而，货物的堆垛高度常常受到一些因素的限制，如入库货物的尺度、货物的承压能力、使用的堆垛机械设备的能力和安全因素等；又如货物的票数多、批量小，就不可能将货物堆得很高。在堆存小批量的松散货物时最好的方法是把轻、泡货堆放在重货上面，把松散货放在码头托盘上，使用贮存货架系统等，这样可以最佳地利用垂直空间。

3. 积载因素

货物积载因素是货物的体积与重量之比。

如果库场只堆存一种货物，则根据该种货物的积载因素，便可计算出所需的堆存面积，然而一个库场内往往是堆存多种不同的货物，这几种货物的积载因素又各不相同，要计算堆存面积就必须先计算出这些货物的平均积载因素，可用下列公式进行计算：

$$\bar{\mu} = \frac{\sum_{i=1}^{n} \mu_i}{n} \tag{3.1}$$

其中：$\bar{\mu}$ 为平均积载因素（m^3/t）；

μ_i 为某种货物的积载因素（m^3/t）；

n 为堆存货物种类。

在许多情况下，各种货物的入库量是不同的，即各种货物的入库量占总入库量的比例不同，则不能用上述公式计算平均积载因素，而应用下列公式计算：

$$\bar{\mu} = \sum_{i=1}^{n} \mu_i \times q_i \tag{3.2}$$

式中：q_i为某种货物占总入库量的百分比。

4. 亏仓情况

亏仓是堆存的每票零星货物之间和周围留出的空间。根据港口的经验，采用紧密堆存的大批量袋装货的百分比很小，只有 5%左右，而形状不规则的包装货物与批量小的货物，亏损百分比可能达到 20%，甚至 30%。

产生亏仓的主要原因是：在实际堆存货物时，需留出分隔各票货物的空间；货物包装不规则，货物不能堆放到允许高度或不能紧密堆放，都要放弃一些堆存空间；堆存货物使用衬垫、托盘等物料占用堆存空间等。这对港口来说，就产生了仓容的损失。亏仓大小取决于票数的多少、体积及其包装的形状。

亏仓因素考虑可通过采用亏损系数的办法，亏损系数计算公式为：

$$K=1+\xi \tag{3.3}$$

其中：K 为亏损系数；

ξ 为亏损百分比。

亏损百分比是指由于受上述诸因素影响而减少堆放货物的体积与计划堆存的该种货物的体积之比，用公式表示为：

$$\xi=\frac{V'}{V}\times 100\% \tag{3.4}$$

式中：V' 为少堆放货物的体积（m^3）；

V 为计划堆存的该种货物的体积（m^3）。

由于亏损百分比取决于各票货物的数量、体积、包装形状以及是否需用垫板、托盘等物料，因此编制堆存计划者应积累经验，准确地判断亏损百分比的值。

关于货物所需堆存面积的计算，可以利用下面公式，较准确地计算出每票货物的实际所需的堆存面积：

$$S=\frac{W\times\mu(1+\xi)}{H} \tag{3.5}$$

其中：S 为货物所需的堆存面积（m^3）；

W 为计划堆存货物的重量（t）；

H 为允许堆高（m）。

二、 港口库场堆存计划管理

编制库场堆存计划的目的是根据进出口货物的需要，结合港区现有各类库场的条件和堆存能力，合理地安排货物的入库时间、入库数量和堆存位置。

为入库货物合理地安排堆存计划，满足进出口货物的需要，充分利用库场通过能力和加速库场的周转，对提高装卸效率、缩短船舶在港时间和保证货运质量有重要作用。

1. 库场堆存计划的作用

库场堆存计划分为月度、旬度及昼夜计划，是在库场使用中对货物入库时间、数量、堆存位置等事先所做的安排。它是港口生产作业计划的分解和实施计划，用于指导和安排库场的使用和作业。库场堆存计划既是库场现场管理人员安排工作的依据，又是现场操作人员开展工作的依据。

对需要入库的货物合理地安排堆存计划，满足货物周转的需要，充分利用库场的通过能力和加速库场周转，可提高港口整体装卸、周转效率，缩短船、车在港停留时间，保证港口作业质量，防止货物损失，对充分利用港口整体资源具有重大的意义。当今由于港口装卸作业的效率不断提高，库场通过能力越来越成为港口的制约因素，因而做好库场的堆存计划，充分利用库场容量，是提高港口通过能力的重要手段，有着重要的意义。

2. 编制库场堆存计划的要求

堆存计划是对月度、旬度及昼夜入库货物在时间、数量和货位方面的安排。

堆存计划是港区生产计划的一个组成部分，它与装卸作业计划有着密切关系，堆存计划必须依靠装卸作业计划来实现，而装卸作业计划应根据堆存计划的需要来编制，各自从不同角度来保证港区生产计划的实现和进出口货运任务的完成。

堆存计划应以满足入库货物的需要为前提，充分利用库场的堆存能力，使库场保持畅通，堆存计划必须以现有的仓容量为依据，各类库场由于专业化分工、设备条件及使用情况等不同，可供使用的仓容量有很大差异，应根据这些情况做出合理安排，全面实现堆存计划。

在具体安排堆存计划时，应满足下列要求：

（1）最佳搬运路线

除了码头前沿的库场可以直接用装卸船设备进行堆货而无须搬运外，货物进出库场都要经过水平搬运过程，搬运过程对港口作业效率有着重大的影响，搬运过程受阻，就会使得整个作业过程停止。入库货物来自不同方向，有进口、出口和中转，有来自水路、铁路和公路，因而有必要使卸船入库货物和出库装船的货物，在能满足最佳搬运路线的条件下安排堆存计划，以减少作业环节，避免交叉作业，提高装卸效率。

（2）最短的距离

无论是货物入库或出库，都必须进行必要的搬运，但是这种搬运应该是尽可能直接的和距离最短的，货物的存放点应该能保证这一要求的实现，避免迂回和远距离的搬运。

（3）最少的装卸和搬运，降低作业劳动强度

在编制库场作业计划时要充分考虑货物的流向、装卸要求，避免不必要的操作，使货物的装船和卸船以及入库和出库所发生的装卸和搬运，操作次数最少，工作量最小。应根据货物的流向、品种、包装及装卸搬运要求，选择适当的货位，以避免不必要的翻倒仓作业。

（4）满足库场内作业的需要及方便货物进出库场

库场堆存计划是库场安排作业的依据。在制订库场作业计划时一定要考虑到作业的顺利进行，保证有足够的作业回旋余地，避免发生交叉作业和过分集中作业相互影响的现象发生。港口库场在生产过程中货物的进出是很频繁的，有时进与出同时进行。应该恰当地安排进与出的秩序，在确定入库货物的货位时，要按入库便于出库的要求进行，保持足够的通道并使其畅通。

（5）便于理货和符合安全要求

理货工作要求分票、分标志和便于清点，入库货物的货位安排应适应理货的需要。此外，在制订库场堆存计划时就要充分考虑到各种因素，如货物的特性、库场的保管条件、库场管理人员的业务水平和素质，使得库场符合货物保管的各项要求，保证入库货物的安全。

（6）确保装卸计划的执行，充分利用仓容量和库场设备

库场堆存计划的制定必须确保装卸作业的货物中需要入库的货物都能够进入库场，使装卸作业顺利进行和完成。制订库场堆存计划是以现有的库场可用空容量为依据进行，要综合各种因素，将可用的库场充分并合理利用。为了提高仓容量利用程度，更好地满足进出口货物的需要，在可能的情况下还应兼顾到充分利用仓容量和库场设备。

3. 堆存计划的编制

只有在掌握足够和准确的资料的基础上才能制订出科学、合理、有效的计划。在制订库场堆存计划之前，计划人员必须收集和掌握库场现有货物空仓量、出入库货物的情况以及港口对货物作业的计划安排等。货物堆存计划的计划期越长，在库场安排就越笼统，日常堆存计划要安排到具体作业共班、具体仓库或堆场，甚至安排到货位。月度堆存计划则只安排到区位。

（1）编制月度、旬度堆存计划

① 要掌握港口或装卸公司在计划期内的库场堆存能力，即可以使用的仓库和露天堆场在计划期内共能堆存多少货物。

② 根据下月（或下旬）将在港口或装卸公司靠泊的船舶到港计划表，估计出非直取方式的货运量，并且根据下月（或下旬）将在港口或装卸公司出口的货运计划，估计出需预先进入库场集中待运的货运量。

③ 利用上述资料进行需求与能力的平衡。平衡不仅要使总入库量与总堆存能力相适应，而且要使入库货物的种类、流向和数量，与各类专业化库场的能力相适应。为此，应按货物

的不同特征，分别列出各类货物入库量；同时，也要按各类专业化仓的能力，分别统计出来，并使相应的货类及流向的入库量分别与相应的专业化库场能力相适应。

④ 根据平衡的情况，对港口或装卸公司每个堆存区域编制出堆存计划。

(2) 编制日常堆存计划

如果没有堆存计划，工班组长和仓库员就无法知道该票货物的堆放位置，同时货物堆放的位置是否正确将在很大程度上影响库场管理目标的实现。因此，需要在装卸作业开始前就编好堆存计划，并将计划分送到工班组长和库场管理员手中。

当一艘船的泊位确定后，便可开始编制堆存计划。编制堆存计划主要确定三个方面的内容：入库量、出库或入库路线和各票货物的堆存货位。

① 确定入库量

为即将到达的卸货船舶制订堆存计划，需取得如下资料：船舶卸货量，可使用的库场位置以及可堆货的面积，入库货物的数量、品种及批量大小，装载这些货物的舱口号码及装舱位置，托运人员是否有特殊要求，货物预计堆存多长时间，换装接运的工具，货物的流向等。

为即将到达的装货船舶制订堆存计划，需取得如下资料：承、托双方约定的货物集中日期；该船将装载的货物品种和数量，其中船边直接装船所占比重；每票入库货物所需的库场面积；可使用的库场位置以及可堆货的面积；每票货物装船的舱口号码及货物的配积载情况。

在取得了上述全部资料后，就可做出一艘船的进出口货物堆存计划。

② 做出进出口货物堆放库场的方案，确定货物的入库和出库路线

计划的编制者可利用上述资料初步确定哪些地方用来集中出口货物，哪些地方用来接受船舶卸下的进口货物。各个计划编制者在安排出入库路线上，可视泊位和库场的布局、条件等

做出不同的堆存方案。

第一，进出合一的堆存方案。在每次靠泊时既卸又装的泊位，较为可取的作业方案是在同一前方仓库或堆场内把进出口货分开，出口货放在靠码头一侧的货位上，进口货放在靠陆地一侧的货位上，以便与内陆运输衔接。这样，装卸双方的搬运距离都相当短，而且货物分离使搬运道路畅通，相互干扰小。当然，这要求泊位后面的库场面积较大，一个库场就能够满足进、出口货物的堆存需要。

第二，进出分开的堆存方案。有些港口的习惯是指定专门的前方仓库和露天堆场分别堆放进口货和出口货，即进口库场与出口库场分开。虽然这样做可以有很好的货物分隔，但亦会导致操作上的问题。如果一艘船在同一泊位上既装又卸，那么两个作业中必定有一个搬运循环时间很长，因为设备需要在该泊位与其他泊位的库场或港口其他地方的库场之间来回运行。如果卸货应在装货开始之前完成，最理想的是船应在专卸进口货的泊位和专装出口货的泊位之间移动，但这在实际上是较难做到的。

在实际工作中，泊位的作业情况比较复杂，这就要求编制出明智的堆存方案，并且要求经常检查码头作业，确保作业遵循如下基本要求：前方库场内堆存的进口货和出口货只要有可能，就要按流向分开；以将搬运距离缩到最短为原则确定各批货物的堆存场地；正确选择库场大门的数量和位置，库门最好与开工舱口相对应；进出库场的交通路线应分道，选好交叉道口，减少设备作业时的相互干扰，确保危险地段的保护措施，必要时，应采用单行道方案；应清除港区道路一切障碍，确保设备在码头前沿和堆存地之间的运行通畅无阻。

③ 计算堆存面积，确定各票货物的堆存货位

计划的编制者要详细计算各票货物所需的堆存面积。如果面积充裕，计算就比较简单；但如果面积紧张，计算就要详细，并做出合理的安排。

第三节　港口库场的堆存作业

库场的货物堆存作业由三部分组成，即货物的入库作业、货物的出库作业和货物的保管作业。

一、货物的入库作业

入库作业包括入库前准备、货物入库验收、货物堆码、单据处理。

1. 入库前准备

货物入库前先要做好收货的准备。

首先，应摸清入库货物情况，一般先要从出口货物的装船通知单入库联（内贸）、装船预报附页（外贸）、进口货物的分舱单取得入库货物的包装、规格、数量等详细资料，对出口货物还应了解装船舱别、到货港和货物的来源（如是本地区出口货还是中转联运货）；对进口货物还应了解出港的流向、在港堆存时间以及卸船作业顺序、进度等情况。

其次，是安排货位，做到先算后堆。一般做到：进口货按入库顺序，出口货按到港顺序及配舱顺序，从里边货位开始逐渐向外开堆垛，不能从外向里堆垛，把门堵死；大票货先确定货位，小票零星货机动安排；大票货不堵小票货，轻泡货不堵重件货，近港货不堵远港货，缓发货不堵急发货；同一收货人的货物集中堆放；在安全前提下，货垛尽量堆高，利用空间，提高堆存量。货物入库前要匡算每票货所需的货位面积，再根据货位纵深确定垛位数，货位预先安排好后应向作业工人及有关人员交底，讲清要求。

2. 货物入库验收

货物入库验收是指库场在货物正式入库前，按照一定的程序和手续，对到库货物进行数量和外观质量的检查。货物验收实质上是一种责任交接。

由于到货的来源复杂、渠道繁多、产地和厂家不同，又都经过不同的运输方式和运输环节的装卸搬运等原因，有可能使到货商品在数量、质量上发生变化，这就决定了对入库货物进行验收的必要性。验收的主要任务是查明到货的数量和质量状态，为入库和保管打基础，防止库场和货主遭受不必要的经济损失，同时对供货单位的货物质量和承运部门的服务质量进行监督。

库场应凭单收货，没有单据的货物不能验收入库，单据和货物要全面核对。

货物验收的基本内包括质量验收和数量验收。

货物质量的验收主要是对包装的验收。通常是在初验时进行的，检验包装有无被撬、开缝、污染、破损、水渍等不良情况。同时，还要检查包装是否符合有关标准要求，包括选用的材料、规格、制作工艺、标志、打包方式等。国家或国家主管部门未规定标准的应按交通部《水路、公路运输货物包装基本要求》的规定验收。没有标准和要求的应在保证运输安全和货物质量的原则下进行包装。对不符合标准要求的，应该拒收，或由托运人负责加固、整修，并编制普通记录随货同行（内贸货物），当然也应注意包装内货物的异常情况，采用“验、看、听、嗅、问”等不同方法进行验收。

货物数量验收是保证货物数量准确不可缺少的重要步骤，是在初验的基础上做进一步的货物数量验收，即所谓的细数验收。在进行数量验收时，必须注意同供货方采取相同的计量方法。采取何种方式计数要在验收记录中做出记载，出库时也按同样的计量方法，避免出现误差。货物数量的验收主要是件数的验收，凡按件交接的货物一定要认真点清件数，成组货物既要点清组数，又要注意每组细数。通常情况下，国内商品只检查外包装，不拆包检查，而进口商品则按合同或惯例办理。按重量供货或以重量为计量单位的货物，做数量验收时，有的采用检斤称重的方法，有的则采用理论换算的方法。按体积供货或以体积为计量单位的货物，做数量验收时要先检尺，后求积。

3. 货物堆码

应按照货物性质、作业要求和堆码标准化要求进行堆码。

货物堆码是根据货物的特性、形状、规格、重量及包装质量等情况，同时结合考虑地面的负荷、储存的要求，将货物分别叠堆成各种码垛。科学的货物堆码技术及合理的码垛，对提高仓容利用率、提高收发作业及养护工作的效率，都有着不可低估的重要作用。

堆码操作的要求：首先是安全。堆码的操作工人必须严格遵守安全操作规程，使用各种装卸搬运设备，严禁超载，同时还须防止超建筑安全负荷量。码垛必须不偏不斜、不歪不倒，牢固坚实，以免倒塌伤人、摔坏货物。其次是合理。不同货物的性质、规格、尺寸各不相同，应采用各种不同的垛形。货垛的高度要适度，不压坏底层的货物和地坪，与屋顶、照明灯保持一定距离；货垛的间距、走道的宽度、货垛与墙面、梁柱的距离等，都要合理、适度。垛距一般为 0.5～0.8 米，主要通道为 2.5～3 米。再次是方便。货垛行数、层数，力求成整数，便于清点、收发作业。若过秤货物不成整数时，应分层表明重量。然后是整齐。货垛应按一定的规格、尺寸叠放，排列整齐、规范。货物包装标志应一律朝外，便于查找。最后是节约。堆垛时应注意节省空间位置，适当、合理安排货位的使用，提高仓容利用率。

库场货物堆码应实行标准化，把货物堆码工作置于严密的标准基础之上是实行科学管理的基本要求。货物堆码的规范要求主要是指“五距”，即垛距、墙距、柱距、顶距和灯距。堆垛时，不能倚墙、靠柱、碰顶、贴灯；不能紧挨旁边的货垛，必须留有一定的间距。

要设计一种货物的堆码标准，必须考虑该种货物的性质、包装种类、包装材料、数量、成组方式等条件。同一种货物在不同的库场可能有不同的堆码标准，这是因为各港口库场的结构不同，使用的装卸、码垛机械和存放地的自然条件（如温度、湿度）也有所不同，因而码垛标准可以因地制宜、多种多样，只要堆码的形式能符合保证货物质量、合理利用仓容、便于理货和有利于快装快卸等要求，就是合理的堆码形式，各库场应根据本港的情况予以标准化。

对于包装货物，堆码形式有以下几种：

平台垛——底层件数与上层件数相同，成长方形或正方形，常见于库内堆存箱装货物。其特点是整齐，计数方便，占用库场面积少。

起脊垛——底部堆成平台，接近顶部堆码成脊形，特点是加盖油布后便于排泄雨水。这种形式多用于露天堆场存放袋装货物。

行列垛——有单行垛、双行垛等。进口的小票杂货多采用行列垛形式堆放。这种码垛形式的优点是便于分票、计数和提货；缺点是占用库场面积大。

对于散装货物，其堆码可根据货种、场地条件、通道位置等情况，堆放成有规则的几何台形体，这样便于理货计数，货堆的倾斜角要小于货物的自然倾角，以保持货堆平稳和不倒塌。

4. 单据处理

库场收货入库，是一种责任转移，库场从货主或船方接过货物就要对接收货物的数量、质量负责。因此，需要填写和签证有关的交接单据。

内贸出口货物，库场可以在入库联和运单上签收；外贸出口货物，可以在附页上签收。进口货物则大多填制理货交接计数单。除了交接单据签证外，还要填制收货报表，登账入册。对单证处理的要求是及时、正确和清洁；按规定内容、要求、方法填制、批准；字迹清楚，改动处盖章；在规定时间内完成，并投入流转。

二、 货物的出库作业

货物的出库作业是库场根据货物出库凭证（提货单、领料单、调拨单），按其所列的货物名称、规格、数量和时间、地点等项目，组织货物出库、登账、配货、复核、点交清理等一系列工作的总称。货物出库必须依据货主开出的货物出库凭证进行。不论在任何情况下，库场都不得擅自动用、变相动用或者外借货主的库存货物。

货物出库作业从业务性质上可分为向收货人交付和由车、船转运出港两种，但对库场来说实质上是一样的。

1. 发货前准备

发货前应查看存货账和货堆实物，数量是否相符，有无质量问题，做到心中有数。一票大宗货堆几个货垛的，应根据库场使用要求，确定出货桩脚，出剩残堆应优先出清。对于易弄错的货垛，应在货垛旁做出明显记号，对作业工组交代清楚。

货主持提货凭证来提货时，应先对提货凭证进行审核，弄清是否办过提货手续，货物品名、规格、件数是否相符等。支付现金的提货凭证应核对提货日期。

对接运的车、驳，应询问核对，防止错装错发。

2. 发货与交接

发货交接应注意做到如下各点：

① 出库凭证和手续必须符合要求。出库凭证的格式不尽相同，但不论采用何种形式必须真实、有效。出库凭证不符合要求，仓库不得擅自发货。特殊情况发货必须符合仓库有关规定。

② 发货前双方商定交接计数办法，坚持当面交接。一般货物入库检验与出库检验的方法应保持一致，以免造成人为的库存盈亏。

③ 港口只凭标志相符、包装完整发货，对箱内货物一般不负责任。如包装残损、内货状况不明时，不能贸然开给记录，让其提走件货，而是应暂时将货留下，内贸货双方在场开箱验货，外贸货应由商检局开箱鉴定。

④ 按车、按驳办理交接签证，一般不开总交接单，也不要预先开单，以防更改。除非是点垛交接可以一次办总交接。

⑤ 空袋地脚货应随原批货同行。

⑥ 发现短缺，不能随便用同品种规格的货物抵补。即使同一收货单位的，也要货主开具抵补证明，并在提货凭证上写明抵补情况，出仓日报上也应写清抵补情况。

⑦ 发货完毕，应检查库场、道路，注意有否漏发、错发和掉件。

⑧ 提高服务质量，满足用户需要和货物出库要求，做到及时、准确、保质、保量地将货物发放给收货单位，防止差错事故发生；工作尽量一次完成，提高作业效率；为用户提货创造各种方便条件，协助用户解决实际问题。

3. 单据处理

库场发完货应立即与接货方办理交接手续，签证有关交接单据。

交接签证单据是双方交接的凭证，库场凭此作为货物账册付账的原始依据。车辆提货的交接单据，同时又是出门通行证，船驳装运的货物交接单据叫库场—船驳交接计数单。交接计数单由发货库场员填写，内容要详尽具体，在装好后填写，交船驳方签证。

除了填签交接单据外，还要在提货凭证上做出记录，写明日期、操作过程、提取数量与结存量，如果提货证记录栏已记载满，或者提货凭证港口要收回，则应另填提剩单给货方作为下次提货凭证。开出提剩单后，原提货凭证上应作记录并收回。

货物出库后，还要填制出仓报表，并在货物账册上付账。

三、货物的保管作业

货物在库场堆存保管期内，港口要对货物的安全质量承担责任，确保不发生货损、货差事故。

具体来讲，货物保管要做好以下工作：

(1) 防止盗窃破坏事件发生。仓库员应坚守岗位，离开时应锁门。库门钥匙要专人保管，上班领取，下班缴回。进出仓库人员应进行登记，与仓库作业无关人员，不能进入仓库。

（2）做好消防工作。库场应按堆放货物种类配备消防器材，消防器材应放置固定地点，不能挪作他用，并定期检查更换。对火种、电源要进行严格管理。仓库内不准使用电炉、煤炉，不得带火种入库，明火作业应经派出所（消防部门）批准，同时进行监护，车辆进入港区应安装“火星熄灭装置”，铁路机车进入港区不得通炉。

（3）做好防汛、防台风工作。防台防汛措施应落实，器材配足，由专人负责，加强检查督促，水管下水道要保持畅通，屋面漏雨、门窗破裂要及时修复。若盖油布要经常检查，破洞要及时补好。堆场盖油布要扣牢网绳，以防被风吹开。质量不好的仓库、低洼堆场所堆货物，在台汛间要催货主快些提走或联系运力转出，不能运出港区，就在港内转栈。防汛墙外的货物要特别注意。要随时掌握气象情况，防止天气突变造成湿损事故。

（4）健全货账制度，定期盘点。库场堆放货物必须建立货账制度，做到有货有账，货账相符，货物入库应及时登账，货物出库及时销账。库场堆存货物应定期盘点、一般杂货每月一次；煤炭等大宗散货每季或半年一次。盘点发现数量溢缺，应查明原因、报告有关部门更正账面。杂货仓库每月盘货后，填制月结报表，可作为存货的账册。

建立保管责任制、交接班制度和经常性的安全检查制度，保证以上各项措施、制度落实到位。

第四节　实训项目

一、编制港口库场堆存计划

编制要求：

1. 最佳搬运路线；
2. 最短的距离；
3. 最少的装卸和搬运，降低劳动作业强度；

4. 满足库场内作业的需求及方便货物进出场；
5. 便于理货和符合安全要求；
6. 确保装卸计划的执行，充分利用仓容量和库场设备。

二、港口装卸流程实训室远程视频系统

通过港口装卸流程实训室远程视频系统，将教学空间由学校教室扩展到港口现场。学生在实训室就可以看到货物装卸、堆码、出入库等多个港口库场作业场景。教师通过远程视频镜头的切换选取不同的作业场景，实现教学空间的延伸与开放，解决了学生去港区学习存在的交通不便和安全隐患问题，实现了理论和实践的紧密结合。

三、案例分析

上海国家储备棉库突发火灾　近万吨进口棉花受损

2000 年 11 月 13 日凌晨 0 时 45 分，上海闵行区一座建筑面积约 2 万平方米，储存有近万吨进口棉花的巨型国家储备棉仓库发生火灾。至当晚 10 时左右，经市消防局出动 52 辆消防车，近 500 名消防战士持续扑救，火势基本得到控制，但仍然存在棉花阴燃现象。

中国农业生产资料上海储运部棉花仓库位于上海闵行区通海路 275 号，在 13 日 0 时 45 分，值班人员发现仓库三楼有火情，但并未立即报警，而是先向值班领导汇报后才拨打“119”报警，延误了火灾初期紧要的 20 分钟时间。

据目击者称，火灾现场浓烟滚滚，一公里外就能看见，仓库三、四、五层均被火龙包围，下午三四时，大火烧穿了仓库楼顶，由于承受大量的消防用水，仓库墙壁出现裂缝，有倒塌的危险，但无人员伤亡事故发生。

据市消防局有关人员介绍，中国农资棉花仓库存在重大火情隐患。按规定，储存棉花的仓库面积不得超过 4000 平方米，每个防火分区的面积不得超过 1000 平方米。但农资公司仓库

总面积达 2 万平方米，防火分区面积近 1800 平方米；同时，仓库消防用水不足，消防泵房被擅自改为储藏室，进水管道直径仅 10 厘米，远未达到应有 20 厘米的基本要求，无法维持水枪喷射，近 10 辆消防车被迫到黄铺江边抽水应急；仓库内未装火警报警装置，没有喷水灭火器，且消防栓仅有 2 个，是规定应有最低限度的 1/3。更严重的是，只有四五千吨储存量的仓库竟存放有近万吨棉花，严重违反了有关消防安全防火的规定。据消防人员介绍，这个棉花仓库三个楼面起火，而且两侧窗户紧闭，不易透风，对灭火不利。消防队员到场后，先是用高压水枪包围、喷射，控制火情后，再将玻璃打碎，让烟雾及时排放。而后，再派出突击队，分赴各楼面进入房间内部灭火。上午 10 时，仓库二至五层明火已得到控制。11 时，仓库四层再度火光冲天。指挥员解释，棉花表层火虽不难扑灭，但隐藏在棉花中心的高温暗火极易复燃。

案例问题

1. 库场安全管理的重要意义是什么？
2. 库场安全管理的任务有哪些？
3. 库场安全管理的措施是什么？

本章思考题

1. 论述港口库场在港口中的重要地位。
2. 论述库场管理包括哪些主要内容。

项目四　船舶理货业务管理

第一节　外轮理货概述

一、理货的由来

在水上贸易运输中，最初的卖方一般随船进行买卖，所以卖方与买方直接进行货物交易，也就是买卖双方当面点交、点接，自行理货。随着贸易的发展，船方理货代替卖方随船理货，即由船方分别与买卖双方计数交接货物。船方的理货工作开始是由船员兼做的，后来在船上配备了专职的理货人员，最后演变成委托港口的理货机构代办。我国的理货行业是随着社会的变革而演变的。旧中国的理货行业是私人经营的，全国没有统一的理货组织；1949 年后，国家将私人的“理货行”逐步改造成国营的理货公司，1961 年 9 月 1 日成立了全国统一的理货机构——中国外轮理货公司。

理货是随着水上贸易运输的出现而产生、发展的。理货的英文是 Tally，其含义是计数用的筹码。早期人们在港口船舶装卸货物时，使用简单原始的筹码（如竹签等）来计算货物数量，故早期的理货工作仅是计算货物的数量而已。现在的理货业务还包括核对货物标志、检查残损、监督装舱积载、办理交接签证、提供理货证明等内容。目前各国理货机构的主要理货业务基本相同，但是在验舱、计量、丈量、检验等业务方面有所不同。

二、 理货业务类型及内容

1. 理货业务类型

按理货对象分为船方理货、货方理货、保险方理货、其他方理货等。

按货类和船舶分为成件货理货、集装箱理货（含理箱和理货）、载驳船理货和散装船理货等。

按工作地点分为国内港口理货、随船理货、出国理货（国外独资或合资理货）和内地理货。

按货物性质分为外贸货物理货、内贸货物理货、行李包裹理货、海外货物理货和转口、国境货物理货等。

按理货规则分为强制性理货和委托理货等。

2. 理货业务内容

理货业务内容包括：

（1）点清货物数字，剔清货物残损，分清货物标志、批次和件号；

（2）点清集装箱数字，剔清集装箱残损，分清集装箱箱号和铅封号；

（3）点清集装箱箱内货物数字，剔清箱内货物残损，分清箱内货物标志、批次和件号；

（4）集装箱的验封和施封；

（5）绘制积载图，制作分舱单；

（6）办理散装货物单证、手续业务；

（7）货物甩样、分规格、挑件号；

（8）货物丈量、计量；

（9）监装、监卸；

（10）办理交接、签证手续、提供有关单证。

三、 理货的工作程序及问题的处理

1. 理货的工作程序

（1）登轮前，了解、核对单证资料，发现问题及时联系解决，做好登轮的各项准备工作。

（2）登轮后，单船理货长应向船方了解进口货物的装舱隔票和航行途中情况，与船方商定原残货物的验残方法；出口货物的卸货港顺序和装舱隔票要求，以及装卸注意事项和对理货工作的要求。上述情况应简要记载在单船记录上。然后单船理货长分派理货员的工作舱口，确定理货员的工作岗位和理货方法，交付理货资料，交代注意事项。理货员接受舱口理货任务，领取分标志单、装货单等资料，熟悉本舱的货物情况，明确理货要求和装卸注意事项，做好开工前的准备工作。理货员应向装卸工组介绍装卸注意事项。

（3）货物装船中，单船理货长需要经常巡视舱口，督促、检查理货员的工作，帮助解决问题。理货员上岗定位，检查货物包装，核对货物标志，点清货物数字，分清货物残损，编制理货单证。船方要求更改进口舱单内容时，应通过代理人提供书面凭证。发货人要求更改装货单内容时，须在装货单上加盖船舶代理的更正章。当发现按照配载图装舱积载有可能影响货物安全质量时，应及时提请船方调整配载。如装卸指导员要求变更装货顺序时，须取得船方同意。

（4）单船理货长指导、监督装卸工组按票卸货和装舱，零星货物集中堆放，大票货物分隔清楚，同包装的大宗货物严格码定量钩。

（5）作业中，由于船方原因造成理货人员待时，如船舶吊机故障、舱内打冷气、开关舱、铺垫舱、隔票、拆加固等，要在计数单上做好记录。

（6）一票货物装船后，在装货单上批注实际装船日期、件数和装舱部位。

（7）节假日、夜班、非一般货舱理货，以及对融化、冻结、凝结、粘连货物和海事货物理货，均要在计数单上做好记录。对装舱混乱、隔票不清和翻舱货物理货，要编制现场记录。

（8）工班结束时，检查装卸沿途有无掉件，与仓库或收发货人办理交接签证手续。检查各舱理货单证，根据计数单注销进口舱单，核对出口装货清单，绘制出口货物积载草图，汇总编制待时记录，填写单船记录，按日期编制日报单。做好交接班工作，理货员将制作的理货单证交单船理货长。

(9) 船装卸结束时，检查舱内、库场以及装卸沿途，防止错装、漏装、错卸、漏卸。编制货物溢短单、残损单、分舱单、理货证明书，绘制货物积载图，编制其他有关单证，办理交接和签证手续。

(10) 装卸货结束后，征求船方对理货工作的意见和要求，做好离船的各项收尾工作。

(11) 填写单船报告表，做好单船理货小结和单证资料归档工作。

2. 理货过程中一些问题的处理

(1) 对残损的处理

在理货过程中，理货员应检查货物外表和包装。如发现进口货物原残时，应在上面标明原残符号，并以与船方商定的验残方法处理。编制现场记录，须经船方签字。如发现出口货物残损、标志不清以及件数溢短时，理货员应通知港口仓库或发货人处理。如不能及时处理，理货员应向单船理货长汇报并编制现场记录，由单船理货长如实在装货单上加批注，不得接受发货人保函。如发现工残时，应要求装卸工组当班卸清，一并编制工残记录，经责任方签字。

(2) 翻舱

由于船方原因造成舱内货物翻舱时，理货员应编制现场记录，经船方签字。对出舱翻舱，理货员应按钩计数，填制计数单一份，在现场记录上写明翻舱货物单号、件数。对舱内翻舱，在现场记录上写明“舱内翻舱”字样和翻舱作业的起讫时间。

(3) 隔票

在卸船理货过程中，如发现货物装舱混乱、隔票不清时，理货员应通知值班驾驶员验看确认，并编制“现场记录”，写明“全部混装”“部分混装”或“隔票不清”等字样，以及混票的单号、货名、件数，并须船方签字。全部混装的货物件数，按舱单数字填写；部分混装、隔票不清的货物件数，注明“以分标志单数字为准”。“全部混装”“部分混装”，分别指不同票货物没有隔票而造成货物全部相混或部分相混。在装船理货过程中，理货员应根据配载图和船方要求，指导装卸工组按票、按顺序装舱积载、分隔衬垫。每票货物装船后，理货员应在装货单上如实批注装船日期、货物件数、装舱部位，并签字。

（4）待工时间

在船舶装卸过程中，由于船方原因造成理货人停工待时的，理货员应在计数单备注栏“待时”后面写明待时原因和起讫时间。理货组长应按工班汇总编制待时记录一式三份，提请船方签字后，提供船方一份。

各作业舱口同时停工待时，才可计算理货组长的待时时间。属于船方原因造成理货人停工待时，包括非工人责任造成的船舶吊机故障、舱内打冷气、开关舱、铺垫舱、隔票、拆加固等，致使装卸停工和理货人员待时。理货人员待时时间应计算到本装卸工班终了为止。如下一工班需要继续派理货人员时，则待时时间应连续计算到下一班恢复作业为止。

（5）非本港货

在理货过程中，如发现非本港标志的进口货物时，理货员应通知单船理货长联系船方处理。如船方要求更改舱单内容时，应通过外代提供书面凭证，始为有效。

（6）理货数字

在工班理货结束时，理货员应在结清计数后，提请仓库或收发货人签字。如双方数字不符时，应当进行复查，不得随意更改计数单数字。如双方数字相符，而与装货单数字不符时，应以理货数字为准。

（7）货物安全

如发现按货物配载图装舱积载有可能影响出口货物安全质

量时，单船理货长应提请船方调整配载。如装卸指导员要求变更装货顺序时，单船理货长应会同装卸指导员联系船方同意后，始可变更。

（8）货物更改

如发货人要求更改装货单内容时，应在装货单上加盖船代的更正章，始为有效。

3. 理货结束工作

（1）在本舱装卸结束时，理货员应检查舱内、库场，防止漏装、漏卸。

（2）在全船装卸结束时，单船理货长应核对全部理货单证和货物资料，做到进口舱单、计数单、货物溢短单数字相符；出口装货单、计数单、分舱单、积载图数字相符；与仓库核实全船货物数字。如双方数字不一致时，应及时查明原因，及时报告，不得随意更改理货数字。如不能及时查明原因时，应以本公司理货数字提请船方签证。

（3）在全船理货结束时，对进口货物，单船理货长应根据计数单和舱单，汇总编制货物溢短单；根据现场记录，汇总编制货物残损单，各一式七份，经船方签字后，提供船方、仓库、海关、外代、代运、船公司各一份。

（4）对出口货物，单船理货长应根据货物积载草图，绘制货物积载图，经船方签字后，根据计数单和装货单，制作货物分舱单。

（5）理货长应制作理货证明书一式三份，经船方签字。

四、理货单证

1. 主要的理货单证

（1）委托书（Application for Tally）

委托书是委托人委托理货机构办理理货业务的书面凭证。属于委托性理货业务的，用理货委托书。属于强制性的理货业务，则不需要理货委托书。如国际航线船舶在我国港口装卸件货、集装箱以及船方负责集装箱内货物的装拆箱理货业务，不需要提出理货委托，统一由中国外轮理货公司经营，但如果是其他理货业务，例如船舶水尺计重、散装货物理货等，在办理理货业务时需要提出理货委托。

（2）计数单（Tally Sheet）

计数单是理货计数的原始记录，是理货员按票分清货物标志，按关（钩）填写货物件数，记录附加理货内容的原始记录。内容包括：本票号、件数、货物溢短、残损、工班作业时间、作业舱口、节假日和夜班工作时间、分标志情况、非一般货舱、待工时间、海事货物、融化、冻结、凝固、粘连货物等。计数单是理货单证中最原始、最基本的单据，是编制其他业务单证的最原始的依据。

（3）现场记录（On-the-Spot Record）

现场记录是记载货物异常状态和现场情况的原始凭证，记录货物的原残，混票、隔票不清，船方原因造成的待工或困难作业等情况。

（4）日报单（Daily Report）

向委托方报告，单船理货长向船方报告货物、集装箱每天的装卸进度的单证。每 24 小时提供一次或者根据委托方的要求提供。

（5）待时记录（Stand-by Time Record）

记载由于船方原因造成理货人员停工待时的证明。船方原因包括：船舶停电（No Power）、船舶吊机故障、舱内打冷气、开关舱、绑扎的拆装、衬垫、隔票、舱内翻舱等。

（6）货物溢短单（Overlanded/Shortlanded Cargo List）

记载进口货物件数溢出或短少的证明。

（7）货物残损单（Damaged Cargo List）

记载进口货物原残情况的证明。

（8）货物分舱单（Cargo Hatch List）

分舱记载每票货物装舱部位的清单。货物分舱单对卸货港制订卸船作业计划、船方掌握舱内卸货进度、理货员指导装卸工人按票卸货等都起着一定的作用。货物残损单上列明货物的件数、包装或散装及相应的重量。

(9) 分港卸货单 (Discharging Report in Separate Ports)

记载同一票货物在两个港口分卸时，第一卸货港卸货件数的证明。

(10) 货物积载图 (Stowage Plan)

出口货物实际装舱部位的示意图。积载图是船方进行货物运输、保管、卸船等工作必须掌握的资料；货物积载图是卸货港制定卸船作业计划、安排泊位、货物进舱、派泊和调车的主要依据；是卸货港理货的参考资料；是处理海上货物运输事故的依据之一。

(11) 理货证明书 (Tally Certificate)

船方/委托方确认理货工作的证明。

(12) 理货结果汇总证明 (Certificate of Summary on Tally)

记载全船货物或集装箱经理货（箱）后最终反映全船理货结果，同时也可反映堆存货物的数量、质量及有关情况。

(13) 集装箱理箱单 (Tally Sheet for Containers)

是集装箱装卸船时理箱计数、分残的原始凭证。是单船理货长编制集装箱溢短/残损、集装箱积载图、理货业务凭证和理货结果汇总证明的原始依据。记载集装箱的箱号、箱主、重箱/空箱、铅封的情况，完好、丢失或者断落、重新施封的情况。

(14) 集装箱溢短/残损单 (Outturn List for Containers)

记载集装箱数字溢短和原残情况的证明。由单船理货长根据箱单和现场记录对照舱单汇总编制，如果无溢短、残损时，应注明“无”或者“NIL”。对溢卸集装箱，则按实际的箱号、箱型尺寸、重/空箱记录。如果是短卸，则记录按舱单的箱号、箱型尺寸、重/空箱。

(15) 装/拆箱理货单 (Tally Sheet for Stuffing/Devanning)

是理货员记载集装箱内装拆箱时货物票号、理货计数、残损情况的原始记录，编制货物溢短单的依据。该单据上写明装/拆箱地点、单位名称、地址，实际集装箱的尺寸类型、铅封情况，货物的残损情况等。

（16）集装箱货物溢短/残损单（Outturn List for Containerized Cargo）

记载集装箱内货物数字溢短和原残情况的证明，是海关对箱内货物进行监管和有关方进行索赔的重要依据。对一票货物装多个集装箱，舱单列明分箱数字，按箱列明件数溢短和货物原残。

（17）集装箱验封/施封记录（Record of Container Sealing/Seal Examining）

记载集装箱铅封完好情况和重新施封情况的单证。

（18）集装箱积载图（Container Stowage Plan）

由三部分组成：贝位图（Bay Plan）、综合明细单（Container Summary）和总积载图（General Stowage Plan）。贝位图记录每个集装箱的箱号、重量、位置、箱型、尺寸、超限情况等。总积载图是全船总箱位分布图。

（19）认赔通知单（Notice of Payment）和付款单（Note on Payment）

向索赔方承认赔偿和支付赔款的证明。

（20）载驳船装、卸驳船清单（List of Loading/Unloading Lash Lighters）

记载载驳船数量、装卸子船计数和驳船原残、分残情况的原始凭证。

（21）货物丈量单（List of Cargo Measurement）

记载丈量货物尺码的单证。

（22）复查单（Rechecking List）

对原理货经过复查后出具的单证，是原理货结果的凭证。

（23）更正单（Correction List）

更正原理货物结果的单证。

（24）分标志单（List of Marks Assorting）

是对进口混装货物且卸船当时混卸，卸船后分清标志并向船公司提供有关情况的凭证。

（25）查询单（Cargo Tracer）

向对方调查理货情况的单证。

2. 理货单证的制单要求

（1）理货单证必须如实反映理货结果和记录有关情况，数字准确，内容确切，文字通顺、精练，字迹清晰、工整，不得涂改。

（2）理货单证上的术语、缩略语，如包装、舱位、残损、批注等，要用国际航运上通用的表示方法。

（3）单证上的质量以吨为单位，体积以立方米为单位，时间以小时和分钟为单位。

（4）理货单证上的库、场、车、驳号按堆存货物的港口库、场编号填写，火车、汽车、驳船接运货物，按实际车、驳号填写。

（5）理货单证上的提单号/装货单号按进口舱单或出口装货单上的实际编号填写，如果无编号应加以说明。多票货物混装时，记录实际混票货物提单号。

（6）如实填写货物的主标志，如果没有也应注明。

（7）货名按照进口舱单或出口装货单上的主要货名或实际货名填写。

（8）理货单证上必须有当值理货员的签名。

第二节　件杂货船理货业务

件杂货是从运输、装卸和保管的角度相对于港口上所装卸的散货、液体货等而言的，通常指的是有包装和无包装的散件装运的货物。其包装类型各异，如袋装、捆装、桶装、箱装、圆筒装货物，筐、篓、坛装货物，裸装货物等。件杂货往往是比较重的货物。有些货物，虽然性质与品种完全一样，但包装会不同；有些货物尽管是用同样的包装，但是它的尺寸和重量却是大相径庭。件杂货货种杂，包装各式各样，尺寸大小不一，重量也极不相同，在装卸时进出口同时存在，准确的理货变得相当重要，理货工作也变得复杂。具体件杂货进出口理货程序如下：

1. 登船前的准备。卸货前取得货物的进口舱单、船舶积载图等相关单证资料，装货前从货代或船代、发货人处取得货物装货单、船舶积载图等相关单证资料等进行登记整理。准备理货工具和理货单证，与港口相关部门联系，确定作业时间。

2. 登轮后，联系大副，了解以下情况：

（1）在卸船理货时，对理货装载时的衬垫、隔票、退关、批注情况；

（2）装货港、航行途中和中途港的天气及中途港的卸货情况，装货理货时，对卸货港的顺序，是否有过境货、转口货及其装舱要求；

（3）特殊货物以及备用袋的积载位置；

（4）对理货工作的要求和相关注意事项；

（5）商定对残损货物的验证、确认方法，集中验残还是随时验残，是否待“现场记录”确认后再起卸等。

3. 卸船时各理货员在接到单船理货员分派的工作任务后，首先检查所理货的舱内货物的隔票包装情况。

4. 在理货过程中，根据不同货物的作业要求，在舱内、甲板或船边与库场理货员或收货人进行理货交接。核对卸船货物标志，分清货物的残损，对混票及残损货物，及时编制“现场记录”，并取得责任方的确认；装货时，根据装货单核对货物的卸港、标识、包装、件数和外表状态，发现理货数字不符和货物残损，应通知库场理货员或收货人调换或修补。

5. 每工班结束后，编制理货计数单。记录货物已装或卸船的时间。根据当班计数单的汇总，编制日报表。

6. 货物卸完后，记录完船时间。与库场或收货人核对理货结果，检查舱内货物是否错、漏卸，发现错、漏卸，复查全船所有理货单证。汇总现场记录编制的“货物残损单”，根据进口舱单、计数单编制“货物溢短单”，根据积载图绘制货物实际积载图，制作“理货业务凭证”；经船舶签证后，理货结束。

第三节 集装箱船理货业务

在装卸集装箱过程中，理货员应在船上或船边计箱数，核对箱号，检查箱外表和铅封，填制集装箱理箱单及相关单证。在理货工作的开展时，与港区的生产计划有着密切联系。

一、进口集装箱理箱操作

1. 卸船前的准备工作

（1）资料的准备：向船公司或者其代理索取进口集装箱舱单、集装箱积载图、危险品清单、冷藏箱清单、倒箱清单等。如果该船首次挂靠，应向船公司或其代理索取有关船舶的资料。核对好后通知单船理货长。

（2）派工：根据预先派工计划，作业前及时与港区的调度联系确认船舶的靠泊时间、地点，派出单船理货长和理货员，安排每条作业线的理货员，准备好相关的空白理货单证、相关资料、理货用具等。

（3）了解到港情况：了解装载情况，商定对残损箱及空箱的处理方法。联系船方或船公司，了解装港残损情况，商定验残方法和卸箱时注意事项，了解一些困难作业的作业点情况或者有特殊要求的操作。

2. 卸船理箱工作过程

（1）理货员根据与舱单核对的积载图理箱，合理到位，认真核对箱号，检查箱体和铅封是否完好，并在积载图上逐一核销，一个贝位结束填写“单船理货交接记录”，并报理货长。

（2）如发现进口集装箱外表原残或铅封断失时，理货人员应联系船方验看确认。并记载在理箱单上，经船方签字后，提供船方一份。对铅封断失的集装箱，理货员应重新施加铅封，并在理箱单上写明铅封号。

（3）理箱过程中发现箱号与单证记载不符的集装箱，及时与船公司或者其代理联系，确认后方可卸船，对进口舱单没有列明的而船方坚持卸船的集装箱，应按溢短箱处理。

（4）由于船方原因造成待时的，单船理货长根据实际待时时间编制待时记录，船方确认。

（5）工班结束后，编制理箱单，确认节假日、夜班工作时间。

3. 完船和签证

（1）在全船理箱结束时，单船理货长应根据理箱单和舱单，汇总编制集装箱溢短/残损单，进口一式六份，经船方签字后，提供船方、海关、船代、集装箱公司、船公司各一份；出口一式三份，经船方签字后，提供船方、集装箱公司各一份。绘制出口集装箱积载图一式六份，经船方签字后，提供船方四份、船代一份。制作理货证明书一式三份，经船方签字后，提供船方、船代各一份。

（2）卸船结束后，与船方签证，确认理货结束及理货情况。

二、 出口集装箱理箱操作

1. 装船前的准备工作

（1）准备资料：通过 EDI 或者从港区相关部门取得集装箱预配图、大副收据/场站收据、装载清单等。审查出口集装箱预配图、大副收据/场站收据、装载清单内容相同一致，准确无误。如果不符，及时和船公司或者港区取得联系，确认更正。

（2）派工：根据昼夜生产计划，派出单船理货长和理货员，布置任务，提出要求。准备相关空白理货单证。

（3）单船理货长在作业前应向船公司或者其代理人、港区索取预配图，核对出图时间和船舶结构。

（4）了解船舶的装载要求，征求船方对特种箱的装载要求，如危险品、冷藏箱、超限箱等。

2. 装船理箱工作过程

（1）严格按预配图装船，不同卸货港集装箱严禁随意混装，如果要对某一贝、列、层、集装箱混装，在不影响卸货港卸船作业的情况下，应取得船方或者船公司的指示。

（2）理货员根据集装箱装船预配图理箱，认真核对箱号，检查箱体和铅封是否完好，并在装船预配图逐一标注已装船集装箱的箱号。一个贝位结束填写“单船理货交接记录”，并报理货长。

（3）理货员应常与库场理货（内理）核对，理箱单须由库场理货核对签认。

（4）如发现出口集装箱外表残损或铅封断失时，理货人员应联系集装箱公司或装箱单位处理。如不及时处理时，理货员应记载在理箱单上。

（5）装箱过程中如有加载或者退关情况，应该有港区或者船公司相关的书面通知。

3. 理箱结束工作

在全船理箱结束时，单船理货长应根据理箱单等单证汇总相应数据，核对出口集装箱清单数据，检查是否有错装、漏装。编制理货业务凭证、集装箱溢短/残损单。集装箱溢短/残损单出口一式三份，经船方签字后，提供船方、集装箱公司各一份。绘制出口集装箱积载图一式六份，经船方签字后，提供船方四份、船代一份。制作理货证明书一式三份，经船方签字后，提供船方、船代各一份。

三、集装箱装箱、拆箱理货操作

1. 交接

对船方负责箱内货物的集装箱，应根据装拆箱单位通知，在装拆箱时，派出理货人员到场理货。在港区装拆箱，与仓库或集装箱公司办理货物交接；在港区外装拆箱，与收发货人办理货物交接。均应编制装/拆箱理货单一份，须经装拆箱单位签字，货物残损情况填写在“备注”栏内。根据进口理货单，汇总编制集装箱货物溢短/残损单一式五份，提供船公司、海关、船代、收货人各一份。根据出口理货单，批注装货单。如收发货人或其他委托方委托对集装箱内货物进行理货时，应根据装拆箱单位通知，在装拆箱时派出理货人员到场理货。

2. 装箱理货

在装箱前，向场站索取装箱预配单或其他装箱资料。核对集装箱箱号，检查集装箱箱体是否完好、密封性能、清洁度、地板有无破损、箱内是否潮湿或有异味，如有残损、潜在对货物安全的损坏，及时和场站或发货人联系处理。

(1) 理货员应该核对装箱货物的标志、件数、包装等，进行箱边理货，检查和核对，填制装/拆理货单，与场站办理货物交接手续。如果是拼箱货，核对货名，分清标志，隔票清楚。

(2) 理货员协助和指导工人做好箱内货物的记载工作。主要对货物的绑扎、衬垫、加固等，在确保货物安全的情况下，合理分布记载货物，充分利用集装箱的有效容积。

(3) 对一些不同性质、不同种类的危险品同装一箱时，应根据《国际海运危险货物规则》(以后简称《国际危规》) 的隔离要求对不同性质的危险货物进行有效的隔离。对包装破损、货物残损原则上应更换包装、换货才能装箱，否则须发货人确认才能装箱。

(4) 对实际装箱的货物数量与装箱预配单或其他装箱资料不相符的，按实际理货数字制作装拆箱理货单。如果实际装箱的货名、标记与装箱预配单不一致，不得装箱。

(5) 对集装箱装箱，在货物装箱后，理货人员应施加铅封。

3. 拆箱理货

在拆箱前，向场站索取进口集装箱拆箱舱单或提货单，必要时索取拆箱单。在理货前，必须确认海关已放行或接到海关监管指令后才能进行。核对集装箱箱号、检查集装箱箱体是否完好、铅封是否完好，如有残缺，及时做好记录。

(1) 理货员应对照相关单证核对箱号、铅封进行理货。核对货物的标志、件数、包装等，理清数字、分清残损，做好记录。

(2) 理货人员对拆箱集装箱应验封。如发现铅封断失或拆箱单位自行启封时，箱内货物数字短少或残损的，不得编制集装箱货物溢短/残损单，由拆箱单位自行负责。对船方签认铅封断失的集装箱，不论船方是否负责箱内货物，在启封前，理货人员均应到场验封、理货。

(3) 对拼箱货物拆箱理货，理货人员应该认真细致地做好箱内货物的分票工作，仔细核对各票货物的标志，理清数字。

(4) 在拆箱过程中出现的实际货物比进口集装箱舱单（提货单或装箱单）数字有溢短的话，做好相应的溢短记录，有原残的，做好原残记录。

(5) 理货结束后，正确编制装/拆箱理货单。注明理货时间，装/拆箱地点，以及场站人员的签认。

第四节　实训项目

一、案例分析：仲裁庭该如何仲裁？

“特拉蒙塔那”轮短卸货物扣租金争议案裁决书

1978 年 4 月 13 日，期租船“特拉蒙塔那”轮自康斯坦港装载尿素和硝铵开往上海，1978 年 5 月 12 日抵达上海卸货。5 月 25 日卸货结束后，根据上海理货公司出具的、经大副确认的货物溢短单，短少尿素 2671 袋和硝铵 640 袋。租方从应付的租金中扣留了 24900.83 美元，作为货差损失的补偿，船方不承认责任，要求租方退还此数并加计利息。

船方提出，“特”轮所载货物在上海全部卸净，中途未停靠任何港口，货物是袋装，每袋重 50 公斤，不可能发生错交或偷窃。租方认为，船方的上述理由并不能说明船方已经履行了其按提单数量交货的义务。

船方提出，装卸港理货数字不一致，可能是装港或卸港，或两港理货差错造成的。在康斯坦港装货时，理货员长时间在船上餐厅逗留，有时一个理货员同时照看两个甚至三个舱口，而且他们工作也不认真。这样，他们就不可能将装船的包数记录准确或者未从已装船袋数中扣除根据船长命令卸下的湿包数字；对上海港的理货工作，大副曾要求在短卸单上批注："因装卸港的理货工作是由岸上人员进行的，船方不能负责"，但被拒绝了。

租方认为，租船合同第 20 条规定，船长按照大副收据或理货单相符的数字签发提单。在本案中，船长签发的是清洁提单，这就证明对提单数字并无异议。船东未按清洁提单数字交货，发生短卸，船东应负赔偿责任。

船方指出，租船合同第 21 条规定，理货人员由租方安排，该条的真正含义是租方应对理货人员的疏忽负责。船方对于装港的理货工作不满意，但不可能改变那种情况，也不能更换理货人员以保证理货准确。船方并提出英国法院关于"SINOE"轮的判例主张租方应对理货人员的行为负责。

租方认为，根据租船合同第 21 条规定，理货人员是作为船方的雇员听从船长的命令和指示行事。因此对于理货人员所进行的工作，船东作为雇主应该负责。

根据双方 1978 年 3 月 10 日签订的"中组 1976 年"定期租船合同中仲裁条款的规定，向海事仲裁委员会提出仲裁申请。

与本案有关的租船合同条款如下：

第 20 条规定：在船舶使用、代理或其他安排方面，船长根据租船的命令行事。船长应按大副收据或者货单的记载签发提单；如经租船人要求，船长应当授权租船人或其代理签发提单。

第 21 条规定：装卸港的装卸人员和理货人员由租方安排，他们应视为船东的雇员并依照船长的命令和指示行事。租方对于装卸人员的过失……以及引航员、拖轮或装卸人员的过失……造成的船舶损坏不负责任。

第 33 条规定：船东或其经营人作为承诺人，应对船长或船长依照租转合同第 20 条规定授权的租船人或其代理人所签发的提单项下所承运的货物的短少、灭失或损坏，按照 1924 年 8 月 24 日于布鲁塞尔通过的海牙规则第 3 条（第 6 款除外）和第 4 条负赔偿责任。

二、 绘制理货业务流程图。

项目五　港口集装箱进出口货运管理

教学要求：

1. 认识集装箱，了解其类型，掌握集装箱的规格尺寸标准和标志的含义。

2. 认识集装箱码头及其构成，掌握集装箱装箱方式与要求，了解集装箱货物交接方式。

3. 了解集装箱港口进出口程序，理解并掌握集装箱及出口单证业务。

4. 了解集装箱货运站业务的内容，掌握集装箱码头检查桥业务的主要内容及工作流程。

第一节　集装箱基本知识

一、集装箱的定义和类型

1. 集装箱的定义

集装箱，英文名 Container，是能装载包装或无包装货进行运输，并便于用机械设备进行装卸搬运的一种组成工具。

2. 集装箱的类型

集装箱种类很多，分类方法多种多样，具体有以下分类方法：

（1）按所装货物种类分

有干货集装箱（Dry Container）、散货集装箱（Bulk Container）、液体货集装箱（Tank Container）、冷藏集装箱

(Reefer Container)，以及一些特种专用集装箱，如汽车集装箱（Car Container)、牲畜集装箱（Pen Container）等。

① 杂货集装箱是最普通的集装箱，主要用于运输一般杂货，适合各种不需要调节温度的货物，一般称通用集装箱。

② 散货集装箱是用以装载粉末、颗粒状货物等各种散装货物的集装箱。

③ 液体货集装箱是用以装载液体货物的集装箱。

④ 冷藏集装箱是一种附有冷冻机设备，并在内壁敷设热传导率较低的材料，用以装载冷冻、保温、保鲜货物的集装箱。

⑤ 汽车集装箱是一种专门设计用来装运汽车，并可分为两层装货的集装箱。

⑥ 牲畜集装箱是一种专门设计用来装运活牲畜的集装箱，有通风设施，带有喂料和除粪装置。

(2) 按制造材料分

制造材料是指集装箱主体部件（侧壁、端壁、箱顶等）材料，可分成三种：有钢制集装箱、铝合金集装箱、玻璃钢集装箱。此外还有木集装箱、不锈钢集装箱等。其中：

钢制集装箱，用钢材制成，优点是强度大，结构牢，焊接性高，水密性好，价格低廉；缺点是重量大、防腐性差；铝合金集装箱，用铝合金材料制成，优点是重量轻，外表美观，防腐蚀，弹性好，加工方便以及加工费、修理费低，使用年限长；缺点是造价高，焊接性能差。

玻璃钢集装箱，用玻璃钢材料制成，优点是强度大，刚性好，内容积大，隔热、防腐、耐化学性好，易清扫，修理简便；缺点是重量大，易老化，拧螺栓处强度降低。

(3) 按结构分

可分为三类，有固定式集装箱、折叠式集装箱、薄壳式集装箱。在固定式集装箱中还可分密闭集装箱、开顶集装箱(Open Top Container)、板架集装箱等；折叠式集装箱，指集装箱的主要部件（侧壁、端壁和箱顶）能简单地折叠或分解，再次使用时可以方便地再组合起来；薄壳式集装箱，是把所有部件组成一个钢体，它的优点是重量轻，可以适应所发生的扭力而不会引起永久变形。

（4）按总重分

按照集装箱总重量分：有 30 吨集装箱、20 吨集装箱、10 吨集装箱、5 吨集装箱、2.5 吨集装箱等。

（5）按规格尺寸分

国际上通常使用的干货柜外尺寸为 20 英尺×8 英尺×8 英尺 6 吋，简称 20 尺货柜；外尺寸为 40 英尺×8 英尺×8 英尺 6 吋，简称 40 尺货柜；外尺寸为 40 英尺×8 英尺×9 英尺 6 吋，简称 40 尺高柜。

（6）按用途分

有冷冻集装箱；挂衣集装箱（Dress Hanger Container，简写 HT）；开顶集装箱（Open Top Container，OT）；框架集装箱（Flat Rack Container，FR）；罐式集装箱（Tank Container，TK）；冷藏集装箱、平台集装箱（Platform Container）、通风集装箱（Ventilated Container）、保温集装箱（Insulated Container）。

开顶集装箱是用于装载玻璃板、钢制品、机械等重货，可以使用起重机从顶部装卸，开顶箱顶部可开启或无固定顶面的集装箱。框架集装箱是以箱底面和四周金属框架构成的集装箱，适用于长大、超重、轻泡货物。罐装集装箱是由箱底面和罐体及四周框架构成的集装箱，适用于液体货物。

平台集装箱是专供装运超限货物的集装箱，有一个强度很大的底盘，在装运大件货物时，可同时使用几个平台集装箱。

二、集装箱码头

集装箱码头是指包括港池、锚地、进港航道、泊位等水域以及货运站、堆场、码头前沿、办公生活区域等陆域范围的能够容纳完整的集装箱装卸操作过程的具有明确界限的场所。

集装箱码头是水陆联运的枢纽站，是集装箱货物在转换运输方式时的缓冲地，也是货物的交接点，因此，集装箱码头在整个集装箱运输过程中占有重要地位。

1. 泊位

码头泊位是指沿码头线按停靠一艘设计船舶所需长度划分的装卸作业单元。一个泊位是港口装卸作业的一个基本单元。一座码头可能由一个或几个泊位组成，视其布置形式和位置而定。

2. 码头前沿

码头前沿是指沿码头岸壁到集装箱编排场（或称编组场）之间的码头面积。码头前沿设置有岸边集装箱起重机及其运行轨道。码头前沿的宽度可根据岸边集装箱起重机的跨距和使用的其他装卸机械种类而定，一般为 40m 左右。

3. 堆场

集装箱码头堆场（Container Yard，CY），是指集装箱码头办理集装箱交接、堆存和保管的场所，是集装箱运输系统中区分运输责任、计算运输和作业费用的一个主要节点。主要业务包括出口箱接收、堆存、装船；进口箱卸船、堆存、交付；空箱交接、保管、维护；各类特殊箱接收、堆存。集装箱码头堆场分为前方堆场和后方堆场。

集装箱前方堆场是指在集装箱码头前方，为了加速船舶的装卸作业，暂时堆放集装箱的场地。前方堆场其实是一个临时的场地，是集装箱的临时存放点，因为位于前方堆场的集装箱往往会在短时间内被运出码头。一般来说，前方堆场中主要堆存出口用的集装箱，因此前方堆场的集装箱往往大多会被装运上船。因此，前方堆场的主要作用是在集装箱船到港前，有计划、有次序地按照货物的装卸要求将出口集装箱整齐地集中堆放，卸船时将进口集装箱暂时堆放在码头的前方，以加快船舶装卸作业的速度。码头为了加快卸船作业的速度也会将进口箱暂时堆放在前方堆场。前方堆场与码头前沿相邻，它的面积理论上应该是泊位上所能停靠的最大集装箱船装载集装箱量的两倍，同时还要考虑作业车辆运行轨道、灯光设置、作业线路等方面的问题。

集装箱后方堆场是重箱或空箱进行交换、保管和堆存的场所。但有些国家对集装箱堆场并不分前方堆场或后方堆场，统称为堆场。集装箱后方堆场是集装箱装卸区的组成部分。在集装箱码头堆场交接的货物都是整箱交接。在发货港集装箱码头堆场交接意味着发货人自行负责装箱及集装箱到发货港装箱码头堆场的运输。在卸货港集装箱码头堆场交接意味着发货人自行负责集装箱到最终目的地的运输和拆箱。

4. 集装箱货运站

集装箱货运站（Container Freight Station，CFS），是拼箱货装箱和拆箱的船、货双方办理交接的场所。它是集装箱运输关系方的一个组成，在集装箱运输中起到重要作用。在办理拼箱货的交接，配载积载后，将箱子送往堆场，并接受堆场交来的进口货箱，进行拆箱、理货、保管，最后拨给各收货人。同时也可按承运人的委托进行铅封和签发场站收据等业务。主要业务有：拼箱货的理货和交接；对货物外表检验如有异状时，就办理批注；拼箱货的配箱积载和装箱；进口拆箱货的拆箱和保管；代承运人加铅封并签发场站收据；办理各项单证等。

5. 集装箱检查桥

集装箱检查桥（Container Gate House）是集装箱码头的出入口，因进出码头的集装箱在此进行立体检查和交接而得名，实际上是区别码头内外的一个责任分界点。

6. 控制室

控制室（Control Tower）又称控制中心，是集装箱码头各项作业的指挥调度中心。它的作用是监督、调整和指挥集装箱码头作业计划的执行。其地理位置一般设置在可看到这个码头上各个作业现场的地方，比如港口行政办公室的最顶层。控制室内装有电子计算机系统、测风仪及气象预报系统，并配有用于指挥码头现场作业的无线对讲系统，这个系统包括监控码头作业现场的闭路电视、望远镜，及用于对内对外联系的电话、传真机等通信系统。控制室是集装箱码头作业的中枢机构。

7. 集装箱维修车间

集装箱维修车间（Maintenance Shop）是对集装箱装卸机械进行检查、修理和保养的地方。集装箱维修车间对于确保装卸机械的维修质量、使各种机械处于完好备用状况、提高集装箱码头效率和充分发挥集装箱运输的优越性都起着十分重要的作用，一般设置在不影响集装箱码头作业的码头后方或保养区附近。

三、集装箱装箱方式

1. 整箱

整箱（Full Container Load，FCL）是指货方自行将货物装满整箱以后，以箱为单位托运的集装箱。由发货人负责装箱、计数、积载并加铅封的货运。

2. 拼箱

拼箱是指承运人（或代理人）接受货主托运的数量不足整箱的小票货运后，根据货类性质和目的地进行分类整理。把去同一目的地的货，集中到一定数量拼装入箱。由于一个箱内有不同货主的货拼装在一起，所以叫拼箱。这种情况在货主托运数量不足装满整箱时采用。拼箱货的分类、整理、集中、装箱（拆箱）、交货等工作均在承运人码头集装箱货运站或内陆集装箱转运站进行。

四、集装箱货物交接

1. 集装箱货物交接方式

集装箱货运分为整箱和拼箱两种，因此在交接方式上也有所不同，有以下四类：

（1）整箱交，整箱接（FCL/FCL）。货主在工厂或仓库把装满货后的整箱交给承运人，收货人在目的地以同样整箱接货，换言之，承运人以整箱为单位负责交接。货物的装箱和拆箱均由货方负责。

（2）拼箱交，拆箱接（LCL/LCL）。货主将不足整箱的小票托运货物在集装箱货运站或内陆转运站交给承运人，由承运人负责拼箱和装箱（Stuffing，Vanning）运到目的地货站或内陆转运站，由承运人负责拆箱（Unstuffing，Devantting），拆箱后，收货人凭单接货。货物的装箱和拆箱均由承运人负责。

（3）整箱交，拆箱接（FCL/LCL）。货主在工厂或仓库把装满货后的整箱交给承运人，在目的地的集装箱货运站或内陆转运站由承运人负责拆箱后，各收货人凭单接货。

（4）拼箱交，整箱接（LCL/FCL）。货主将不足整箱的小票托运货物在集装箱货运站或内陆转运站交给承运人。由承运人分类调整，把同一收货人的货集中拼装成整箱，运到目的地后，承运人以整箱交，收货人以整箱接。

上述各种交接方式中，以整箱交、整箱接效果最好，也最能发挥集装箱的优越性。

2. 集装箱货物交接地点

集装箱货物的交接，根据贸易条件所规定的交接地点不同一般分为：

（1）门到门（Door to Door）。从发货人工厂或仓库至收货人工厂或仓库；

（2）门到场（Door to CY）。从发货人工厂或仓库至目的地或卸箱港的集装箱堆场；

（3）门到站（Door to CFS）。从发货人工厂或仓库至目的地或卸箱港的集装箱货运站；

（4）场到门（CY to Door）。从起运地或装箱港的集装箱堆场至收货人工厂或仓库；

（5）场到场（CY to CY）。从起运地或装箱港的堆场至目的地或卸箱港的集装箱堆场；

（6）场到站（CY to CFS）。从起运地或装箱港的集装箱堆场至目的地或卸箱港的集装箱货运站；

(7) 站到门 (CFS to Door)。从起运地或装箱港的集装箱货运站至收货人工厂或仓库；

(8) 站到场 (CFS to CY)。从起运地或装箱港的集装箱货运站至目的地或卸箱港的集装箱堆场；

(9) 站到站 (CFS to CFS)。从起运地或装箱港的集装箱货运站至目的地或卸箱港的集装箱货运站。

第二节　港口集装箱进出口业务

一、港口集装箱出口业务

集装箱货物运输的出口业务与传统班轮运输的货物出口业务大体相同，增加了发放和接收空箱和重箱、集装箱的装箱作业环节。集装箱货物运输出口业务的主要环节主要包括以下步骤。

1. 订舱或托运

订舱是货方向船方洽订载运货物的舱位，是航次租船合同的一种表现形式。一般是洽订班轮的部分舱位，由港口代理机构办理，或由货方直接向船舶公司洽订。货方根据合适的班轮船期，向船方订舱，船方根据能提供使用的载重吨、货舱容积和具体订舱的货载特点，拟定合理的选载方案，通过代理人与订舱人联系落实，并发出订舱单。托运单的主要内容有：装箱港以及承运人收到集装箱的地点，卸货港以及货运目的地，发货人以及发货人的代理人，货名、数量、吨数、货物外包装、货类以及特种货情况的说明，集装箱的种类、规格和箱数，集装箱的交接地点及方式，内陆承运人等。

2. 承运

船公司或其代理人审核托运单，确认无误后可以接受订舱，在装货单上签章，以表明承运货物的“承诺”，同时填写船名、航次、提单号等信息，然后留下船代留底和运费通知(一)(二)共三联，将其余各联退还给货运代理人作为对该批货物订舱的确认，以备向海关办理货物出口报关手续。船公司或其代理人在承诺承运货物后，根据集装箱货物订舱单的船代留底联制作集装箱货物清单，并将其分送集装箱堆场和集装箱港务公司（或集装箱装卸作业区），据此准备空箱的发放和重箱的交接、报关以及装船工作。

3. 提取空箱

提取空箱是指在整箱货的情况下货运代理代表托运人持承运人签发的有关提箱凭证向货运站场提取空箱的过程。提取空箱的来源有三个：一是从码头提取，二是从船公司的仓库提取，三是货主自己拥有。

船公司或其代理人在接受订舱、承运货物后，即签发集装箱空箱提交单，连同集装箱设备交接单一并交给托运人或其货运代理人，据此到集装箱堆场或内陆集装箱站提取空箱。而在承运人的集装箱货运站装箱时，则由货运站提取空箱。不论由哪一方提取空箱，都必须事先缮制出场设备交接单。提取空箱时，必须向箱站提交空箱提交单，并在箱站的检查桥或门卫双方在集装箱设备交接单上签字交接，并各执一份。应该特别注意的是在交接时或交接前应对集装箱外部、内部、箱门、附件和清洁状态进行检查。

4. 报检、报关

（1）报检

报检是指产品的生产、经营部门，以及进口商品的收货、用货或代理核运部门在出口前按照《进出口商品检验法实施条例》的规定，向商检机构申请办理检验、鉴定手续，报验人办理报验时要填制“报验申请单”，并提交买卖合同、信用证、往来函电等有关资料。监管检验部门审核或查验后，视不同情况分别予以免检放行或经查验、处理后出具有关证书放行。如果托运危险品，还需凭危险品清单、危险品性能说明书、危险品包装证书、危险品装箱说明书、危险品准装申报单等文件向港务监督部门办理申报手续。

(2) 报关

进出口货物装船出运前，应向海关申报的手续。按照我国海关法规定，凡是进出国境的货物，必须经由设有海关的港口、车站、国际航空站，并由货物所有人向海关申报，经过海关放行后，货物才可提取或者装船出口。

5. 货物装箱

货物装箱根据货运代理的集装箱出口业务员编制的集装箱预配清单，在集装箱货运站或发货人的仓库进行。

整箱货由发货人或其货运代理人办理货物出口报关手续后，在海关派员监装下自行负责装箱，施加船公司或货运代理集装箱货运站铅封和海关关封。若在内陆装箱运输至集装箱码头的整箱货，应有内地海关关封，并应向出境地海关办理转关手续。

拼箱货由货主或其代理人将不足整箱的货物连同事先制作的场站收据，送交集装箱货运站。集装箱货运站核对由货主或其代理人制作的场站收据和送交的货物，接收货物后，在场站收据上签字；如果接收货物时，发现货物外表状况有异常，则应在场站收据上按实际情况做出批注。集装箱货运站将拼箱货物装箱前，货主或其代理人必须办理货物出口报关手续，并在海关的监督下装箱，同时还应按货物装箱的顺序从里到外地编制装箱单。

6. 交接和签收

港口根据出口集装箱船舶班期，按集装箱货物的装船先后顺序向海上承运人或其代理人发出装船通知，海上承运人应及时通知托运人。托运人或其代理人在收到装船通知后，应于船舶开装前 5 天开始，将出口集装箱和货物按船舶受载先后顺序运进码头堆场或指定货运站，并于装船前 24 小时截止进港。

经海关监装并施加海关关封后的整箱货物都随同装箱单、设备交接单（进场），以及场站收据，通过内陆的公路、铁路或水运送交港口的集装箱堆场。在集装箱堆场的检查桥或门卫同送箱人对进场的重箱检验后，双方签署设备交接单。集装箱堆场业务人员则在校对集装箱清单、场站收据和装箱单后，接收货物并在场站收据上签字，将经过签署的场站收据的装货、收货单两联留下，将场站收据正本退还送箱人。这时集装箱可入港站堆场等待装船。

7. 换取提单

港站集装箱堆场签发场站收据后，将装货单联留下以作结算费用和今后查询用，将大副收据联交理货人员送船上大副留存。货运代理人收到签署后的场站收据正本后，到船公司或其代理人处，交付预付运费，要求换区提单。船公司还要确认在场站收据上是否有批注，然后在已编制好的提单上签字。

8. 集装箱装船

集装箱进入港区集装箱堆场后，港务公司根据待装集装箱的流向和装船顺序编制集装箱装船计划，在船舶到港前将待装船的集装箱移至集装箱前方堆场，并按顺序堆码在指定箱位。由海上承运人或其代理人负责编制预配图，港口应据此编制船舶配载图，并经海上承运人确认。船舶到港后，港口按集装箱装船计划和船舶配载图，按顺序组织装船。装船完毕后，外轮公司编制船舶积载图。船舶代理人于开航前两小时向船方提供提单副本，舱单、集装箱装箱单、集装箱清单、集装箱积载图、特殊货物集装箱清单、危险货物说明书等完整的随船单证，并于开航后采用传真、电传、邮寄等方式向卸货港或中转港发出必要的有关资料。集装箱装船后，货运代理人应发货人的委托及时向买方或其代理人发出装船通知，以便对方准备付款、书单、办理进口报关和接货手续，如 CFR 或 FOB 合同条款，以便于买方及时办理投保手续。

9. 离港及结算

船舶离港后，集装箱货物运输的货运代理人办理退证、退关、费用结算，做好航次小结；船公司与货主进行航次费用清算。货方进行结汇、收汇核销、退税等业务。

二、 港口集装箱进口业务

1. 港口集装箱进口流程

(1) 发出到货通知

船舶到港后，承运人应于货物运达到货地点后 24 小时内向被通知人寄交“准备卸货通知”。收货人应及时凭提货证明到指定地点提取货物，货物从发出到货通知的次日起，免费保管三个月。收货人逾期提取，应按运输规则缴纳保管费。

(2) 提取货物

收货人在接到到货通知后，应持提货单据到指定地点提货。提货单（Delivery Order）是收货人凭正本提单或副本提单随同有效的担保向承运人或其代理人换取的，可向港口装卸部门提取货物的凭证。收货人出具的提单应为清洁的、不存在任何问题的正本海运提单或随同有效的担保的副本提单。在提货时，货运代理或进口企业应负责现场监卸。监卸时，如发现货损货差，应会同船方和港务当局填制货损货差报告。因承运人的过失或故意造成托运人或收货人损失，托运人或收货人要求赔偿的，应在填写货物运输事故记录的次日起 180 日内，以书面形式向承运人提出，并附有关证明文件。

(3) 签收货运单

对货物无货损货差异议，收货人应在货运单上签收，承运人即解除运输责任。提取的货物如属代理进口的，外贸公司在提货后，要办理货物的拨交。如果用货单位在卸货港口，则由运输公司就地拨交，货款由外贸公司向用货单位结算；如用货单位不在卸货港口，则可委托运输公司代为安排货物的装运，并拨交给订货单位，一切费用均由运输公司与外贸公司结算，再由外贸公司与用货单位办理结算。

2. 进口提货的方式

进口提货的方式包括仓库提货、船边提货和集装箱堆场或货运站提货。

(1) 仓库提货

仓库提货（Delivery Ex-Warehouse），是指货物抵达港口后，在未通关时将货物卸入码头仓库，进口商在提货之前，应先办妥进口报关手续，由海关验关后在提货单（D/O）上加盖放行章，并交承运人或其代理签字，提交港务当局计算卸货及仓储等费用。在缴清相关费用后换取出仓单，再将提货单和出仓单交给仓库管理人员，经核销仓单，进口商即可提货。

进口商提货时，应特别注意货物数量是否相符，外包装是否有残损，若数量不足或外包装残损应立即停止提货，会同仓库及公证机构予以检验，并取得相关证明，以备索赔。

(2) 船边提货

船边提货（Shipside Delivery；Delivery at Ship's Side），是指进口货物不卸入码头仓库，而是在船边直接交给进口商（收货人）的提货方式。船边提货须经海关在船边验放，因此，进口货物须符合规定，才可预先申报。此类货物一般包括：鲜货、易腐货物、危险品及活动植物；大宗散装货物；生产企业进口自用的机器设备；海关保税工厂、进口外销货物；政府机构或事业单位的进口物品；免税或免验货物；等等。

进口商应在卸货开始前一定时间内，将提单交给船公司或其代理向海关呈递预报进口舱单，预报进口。海关在提货单上加盖放行章，待船舶抵港后，送交验货部门查验放行。

(3) 集装箱堆场或货运站提货

若进口货物为整箱货，进口商通常在集装箱堆场（CY）提货；若进口货物为拼箱货，进口商应在集装箱货运站（CFS）提货。

第三节　集装箱检查桥业务

一、 集装箱检查桥的定义和设置基本要求

1. 集装箱检查桥的定义

集装箱检查桥是集装箱码头的出入口，因进出码头的集装箱在此进行立体检查和交接而得名，实际上是区别码头内外的一个责任分界点。

2. 集装箱检查桥的设置基本要求

(1) 集装箱检查桥，一般设在面向公路、背靠港池的适当地点。

(2) 检查桥建筑结构，一般是钢结构框架两层通道式建筑，下层设有检查桥工作人员工作室若干间，上层为通道式走廊，便于检查桥人员从地面、空中实施箱体检查。

(3) 检查桥建筑应符合国家标准，上方应安装电子显示屏和其他标识牌，为公路集疏港车辆及时提供有关进港装卸箱信息。

(4) 为方便进出港区车辆和作业机械通行，检查桥跨度（即设置几条通道）应视港区的地域条件而决定。应考虑的因素有：进出港通道、超高箱和港口装卸机械通道、码头工作人员通道。

(5) 检查桥面向公路一侧门前，应建有一定面积较为宽敞并与公路网相连的场地，作为进港集卡车辆等候、箱体检查、办理交接手续的停车场所。

(6) 进港通道上应装有先进的地衡设施，以便随时对集装箱实施计量。

(7) 应设有电子计算机终端并与业务主管部门联网。检查桥设置的要求是办理集装箱进出口的手续方便、高效、安全、畅通无阻。

二、 集装箱检查桥的操作与联系

集装箱码头检查桥的操作与外部的联系主要是与船公司、拖车公司及与海关联系。其中与海关联系在前面已叙述，这里主要介绍与船公司及拖车公司的联系。

1. 检查桥与船公司的联系

集装箱码头最主要服务对象之一为船公司，而每一个通过检查桥交接的集装箱重箱为船公司承运的货物，空箱则为船公司所拥有的运输工具，从码头角度来理解，在某种意义上可以全部视为船公司所拥有。因此，通过检查桥发生的每一个集装箱的交接，可视作检查桥代表码头与船公司进行交接。而同时，集装箱码头与船公司之间的合作关系，可视作服务与被服务，委托与被委托之间的关系，因此，检查桥作为码头对外联系的窗口，其代表码头进行集装箱与拖车或外界的交接工作，作为被委托人必须严格按照委托人（船公司）指示行事，即严格按照船公司交提箱文件及船公司对交提箱文件所做指示行事。

2. 检查桥与拖车公司的联系

作为与集装箱码头检查桥实际发生交提箱业务的拖车，其身份有双重性，一是作为船公司的代表人，二是作为码头间接客户（货主）的代表人，其身份的确定及权利义务，完全由船公司交提箱文件所决定，因此，拖车及其司机，对码头而言其同样享有船公司交提箱文件所注明的船公司的权利义务，拖车及其司机要完成船公司文件上所列明的船公司义务（例如交清吊费、堆存费），同时拖车及其司机享受船公司赋予的权利，即要求码头提供良好服务。此时，检查桥作为码头的代表，必须在国家法律或规定的范围内（例如：若海关未放行，拖车要提的箱则不能交箱），无条件地完成集装箱进出闸的交接工作，提供最良好、最专业的服务。作为拖车公司，最希望码头公司能提供的服务是缩短完成一个完整交接作业的时间，因此，衡量码头对拖车或拖车公司的服务水准，也即对船公司代表人的服务水准的一个重要指标，是码头完成一个完整交提作业的平均时间，即拖车从进闸开始到拖车出闸所花费的时间。

三、 集装箱检查桥的主要业务

1. 集装箱（空箱或重箱）在接收、交付时的检查与交接，检查集装箱箱号、铅封号、箱体外表状况是否完整、有无破损，如有作记录。

2. 接收出口箱有关单证（场站收据、关单、集装箱装箱单），并输入电脑系统。

3. 编制整理门票（门票包括船名、箱号、发货人、转运人、箱型、目的港地、关单、重量、堆场箱位等），并为进场集装箱指定场箱位。

4. 接收货主提货时出具的提货单，并核对交货记录记载内容是否正确。

5. 集装箱出入检查桥时，备妥设备交接单，并会同驾驶员签字，设备交接单应包括船名、箱号、底盘车或卡车号、交箱地点、交箱日期、发货人、目的港等。

6. 填写门卫值班记录。值班记录内容应包括集装箱编号、空箱或重箱、箱型、目的港、发货人、收货人等。

7. 编制堆场报告，以便对堆存的集装箱进行检查，并将进出堆场的集装箱交接单输入电脑系统。

第四节　实训项目

本章主要对集装箱重箱出场和重箱进场业务进行实训。集装箱运输已经成为当前国际贸易货物最主要的运输方式之一，由于国际集装箱业务操作的实践性很强，单纯的课堂教学难以让学生理解国际集装箱业务操作。本实验通过系统仿真技术，模拟集装箱实际业务操作，让学生能够更直观、更直接地了解和掌握集装箱运输业务操作流程，达到良好的教学效果。

一、 实验目的和要求

实验目的：通过对集装箱重箱出场和重箱进场业务进行模拟仿真操作以掌握集装箱进出港口的相关流程和手续。

实验要求：每人通过不同的角色进入系统，根据软件指导书进行相应的操作。操作结束总结集装箱进出口的流程和手续。

二、 实验步骤

1. 集装箱重箱出场

（1）学生使用自己的账号进行登录，进去之后，选择【任务四、重箱出场业务操作】—【港口调度员】—【准备】—【开始】，进入 3D 虚拟场景。

（2）控制人物进入中控室，走近电脑，根据提示按“F”键操作电脑。

（3）打开虚拟电脑界面上的图标进入船舶管理系统，依次选择【中控调度】—【场吊调度】，在【场吊编码】下拉列表中选择 L01 场吊，在【堆场信息】选择 1A 箱区，在【调度区域】中选择 *1A，点击【保存】，按“F”键退出电脑操作，如图 5-1 所示。

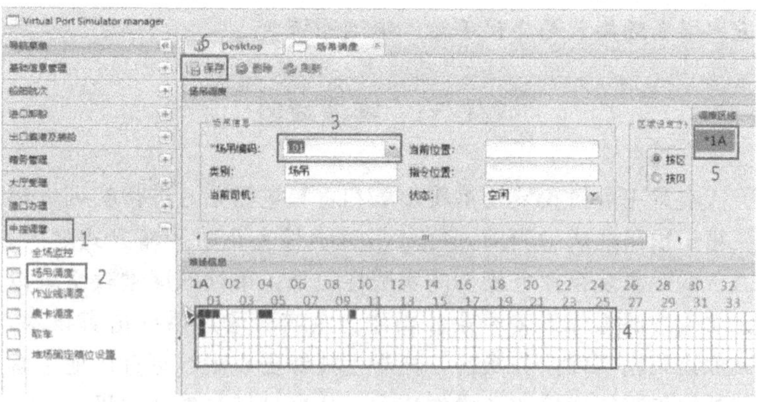

图 5-1　场吊调度

(4) 切人物角色为【外集卡司机】，控制人物进入集装箱货运站的办公室，走近电脑前，光标对准椅子，根据提示按“F”键操作电脑，双击打开虚拟电脑界面上的进入集卡管理系统，在【提箱预约】勾选 40 英尺集装箱信息前面的复选框，点击【预约】—【打印】，然后按“F”键退出电脑，光标对准左边的打印机按住“Ctrl”同时单击鼠标左键拿起打印好的单据，出门靠左手边会看到集卡公司取车点，根据提示按“F”键操作取车机，点击【取车】，在【车辆信息列表】勾选 40 英尺集装箱信息前面的复选框，点击【取车】，然后按“F”键结束取车操作，如图 5-2 至 5-6 所示。

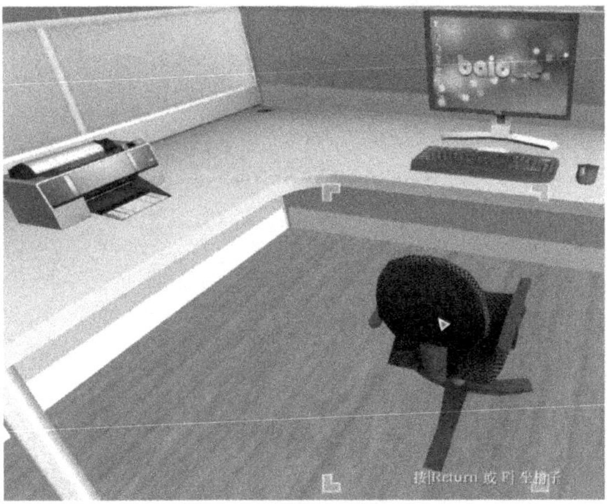

图 5-2　操作集卡办公室电脑

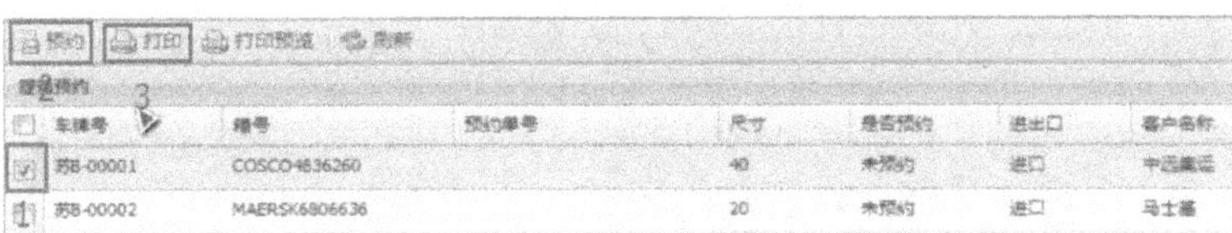

图 5-3　集卡预约

图 5-4　取车点

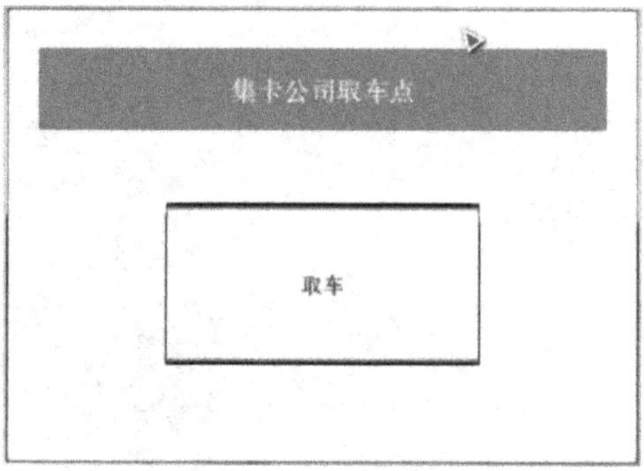

图 5-5　取车操作

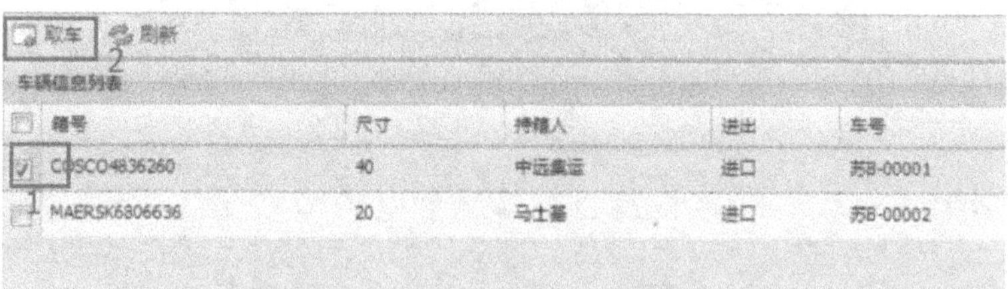

图 5-6　取车（40 英尺集装箱）

（5）外集卡司机来到集装箱货运站的站台外面，会看到已经预约好的车辆，走进集卡车，按“F”键操作集卡车，按“T”键挂挡驾驶卡车出门左转去百蝶港，如图 5-7 所示。

图 5-7　**外集卡车**

（6）驾驶车辆到百蝶港外面，根据地面提示，选择 4 个提箱进场通道的其中任意一个，将外集卡车驾驶到闸口旁边，按“F”键下车，进入检查口办公室，根据提示按“F”键操作电脑，电脑上会显示集卡和集装箱信息，点击【确认】，如图 5-8 所示。点击【查询】，勾选【预约选箱确认】中 40 英尺集装箱信息前面的复选框，点击【开闸】—【打印小票】，按“F”键退出电脑，在左边的打印机前面，根据提示按住“Ctrl”同时按鼠标左键拿起打印好的小票，如图 5-9 所示。

图 5-8　**确认集卡和集装箱信息**

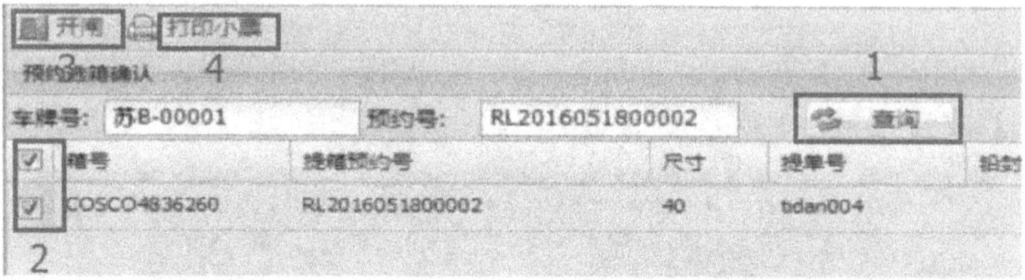

图 5-9　开闸

（7）在任务栏中单击打开单据，如图 5-10 所示；选择【提箱小票】，双击打开提箱小票的详细信息查看集装箱场箱位位置为 1A0811，如图 5-11 所示。然后在任务栏中单击单据按钮，收起单据。

图 5-10　打开单据

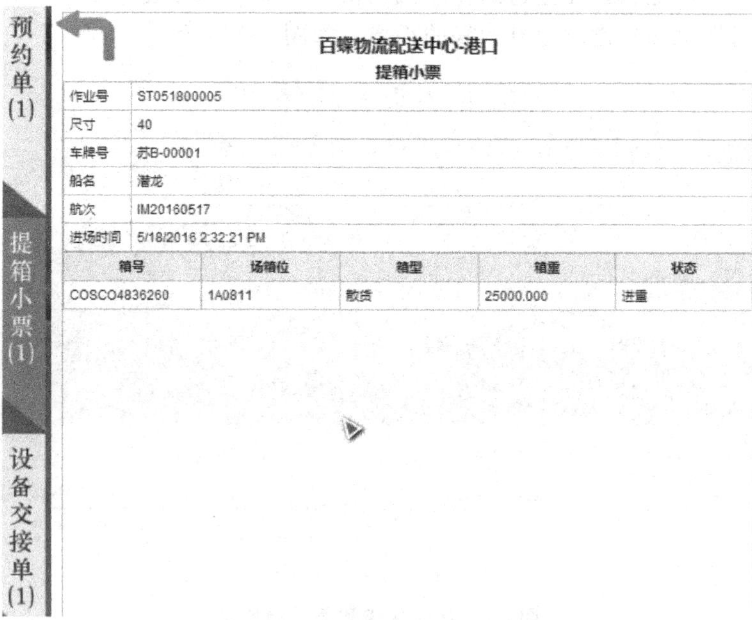

图 5-11　查看提箱小票

(8) 按“F”键驾驶外集卡车去 1A0811 堆场，到位置后按“F”键结束外集卡操作，切换人物角色为【龙门吊司机】，按“F”键操作龙门吊，如图 5-12 所示；按“Q”键进行选位，勾选【口门提箱】前面的复选框，点击【查询】，在【出口箱信息】勾选 40 英尺集装箱信息前面的复选框，在【区位剖面图】中选择 * 1A0811，然后再点击【选位】—【提交】，选位成功后该场箱位的箱子会呈黄色高亮显示，如图 5-13 所示。

图 5-12　**操作龙门吊**

图 5-13　**提箱选位**

(9) 按“A”“D”“W”“S”键和键盘方向键操作龙门吊(龙门吊操作方法可参照任务二),将集装箱从集卡车上吊起放到1A0811堆场上,按“F”键结束场吊操作,如图5-14、图5-15所示。(按“F1”“F2”“F3”切换视角,便于吊箱)。

图 5-14　**吊起箱子(**40 **英尺集装箱)**

图 5-15　**集装箱装车(**40 **英尺集装箱)**

(10) 切换人物角色为【外集卡司机】。将外集卡车开回集装箱货运站(根据闸口地面信息及箭头提示,驾驶外集卡车从提箱出场的那四个闸口通道中的任意一个闸口驶出),外集卡车行驶至检查口办公室处，按“F”键下车，走近检查口办公室，根据提示按“F”键操作电脑，此时电脑上会出现集卡和集装箱信息，点击【开闸】，返回按“F”键驾驶外集卡车回到集装箱货运站，按“F”键下车，如图 5-16 所示。

图 5-16　开闸

（11）进入集装箱货运站的办公室，走近电脑前，光标对准椅子，根据提示按“F”键操作电脑，在【提箱预约】勾选 20 英尺集装箱信息前面的复选框，点击【预约】—【打印】，然后按“F”键退出电脑，光标对准左边的打印机按住“Ctrl”同时单击鼠标左键拿起打印好的单据，出门靠左手边会看到集卡公司取车点，根据提示按“F”键操作取车机，点击【取车】，在【车辆信息列表】勾选 20 英尺集装箱信息前面的复选框，点击【取车】，然后按“F”键结束取车操作，如图 5-17 至 5-21 所示。

图 5-17　操作集卡办公室电脑

图 5-18　集卡预约

图 5-19　取车点

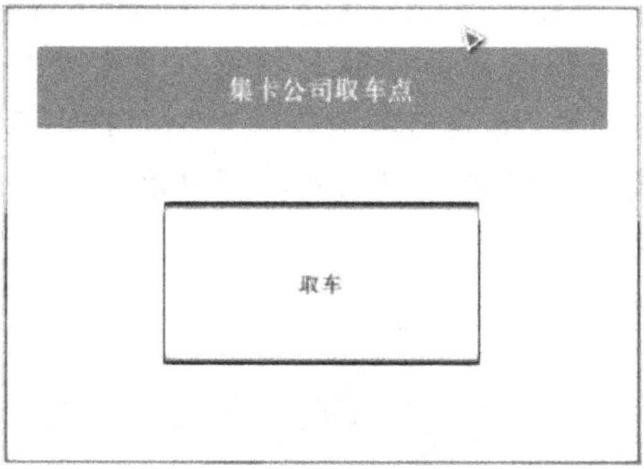

图 5-20　取车操作

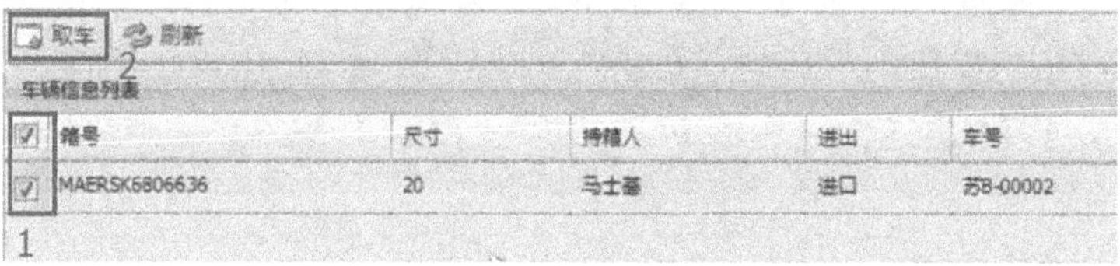

图 5-21　取车（20 英尺集装箱）

（12）外集卡司机来到集装箱货运站的站台外面，会看到已经预约好的车辆，走进集卡车，按“F”键操作集卡车，按“T”键挂挡驾驶卡车出门左转去百蝶港，如图 5-22 所示。

图 5-22　外集卡车

（13）驾驶车辆到百蝶港外面，根据地面提示，选择 4 个提箱进场通道的其中任意一个，将外集卡车驾驶到闸口旁边，按“F”键下车，进入检查口办公室，根据提示按“F”键操作电脑，电脑上会显示集卡和集装箱信息，点击【确认】，如图 5-23 所示。点击【查询】，勾选【预约选箱确认】中 20 英尺集装箱信息前面的复选框，点击【开闸】—【打印小票】，按“F”键退出电脑，在左边的打印机前面，根据提示按住“Ctrl”键同时按鼠标左键拿起打印好的小票，如图 5-24 所示。

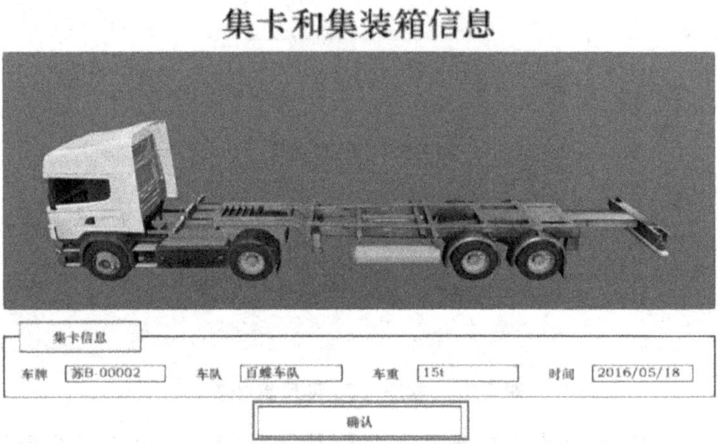

图 5-23　确认集卡和集装箱信息

图 5-24　开闸

（14）在任务栏中单击打开单据，如图 5-25 所示；选择【提箱小票】，双击打开提箱小票的详细信息，查看集装箱场箱位位置为 1A1111，如图 5-26 所示。然后在任务栏中单击单据按钮，收起单据。

图 5-25　打开单据

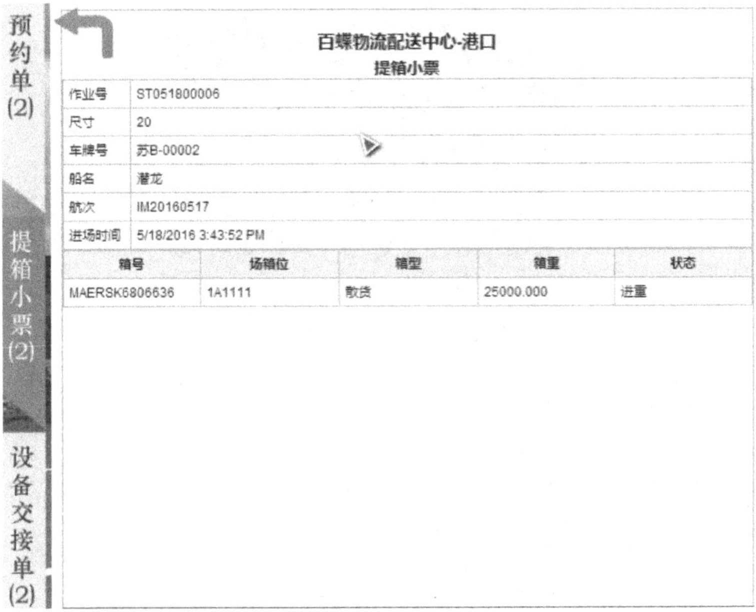

图 5-26　查看提箱小票

(15) 按“F”键驾驶外集卡车去 1A1111 堆场，到位置后按“F”键结束外集卡操作，切换人物角色为【龙门吊司机】，按“F”键操作龙门吊，如图 5-27 所示；按“Q”键进行选位，勾选【口门提箱】前面的复选框，点击【查询】，在【出口箱信息】勾选 20 英尺集装箱信息前面的复选框，在【区位剖面图】中选择 * 1A1111，然后再点击【选位】—【提交】，选位成功后该场箱位的箱子会呈黄色高亮显示，如图 5-28 所示。

图 5-27　操作龙门吊

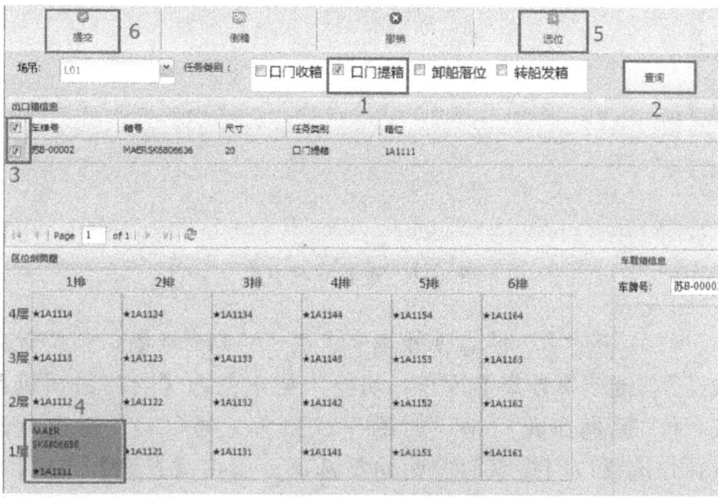

图 5-28　提箱选位

（16）按“A”“D”“W”“S”键和键盘方向键操作龙门吊（龙门吊操作方法可参照任务二），将集装箱从集卡车上吊起放到 1A1111 堆场上，按 F 键结束场吊操作，如图 5-29、图 5-30 所示。（按“F1”“F2”“F3”切换视角，便于吊箱）。

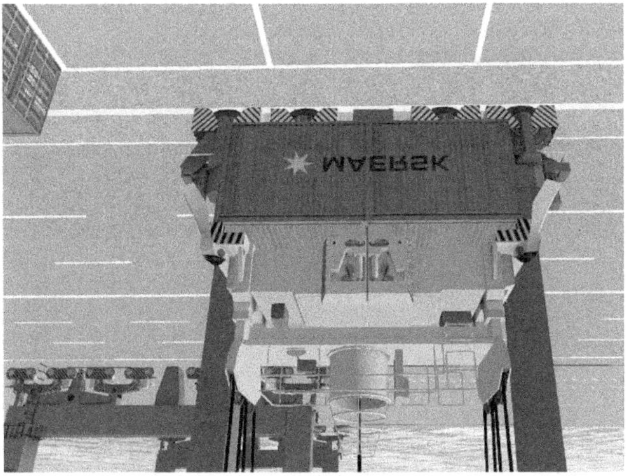

图 5-29　吊起箱子（20 英尺集装箱）

图 5-30　集装箱装车（20 英尺集装箱）

（17）切换人物角色为【外集卡司机】，将外集卡车开回集装箱货运站（根据闸口地面信息及箭头提示，驾驶外集卡车从提箱出场的那四个闸口通道中的任意一个闸口驶出），外集卡车行驶至检查口办公室处，按“F”键下车，走近检查口办公室，根据提示按“F”键操作电脑，此时电脑上会出现集卡和集装箱信息，点击【开闸】，返回按“F”键驾驶外集卡车回到集装箱货运站，此次重箱出场业务操作完成，如图 5-31 所示。

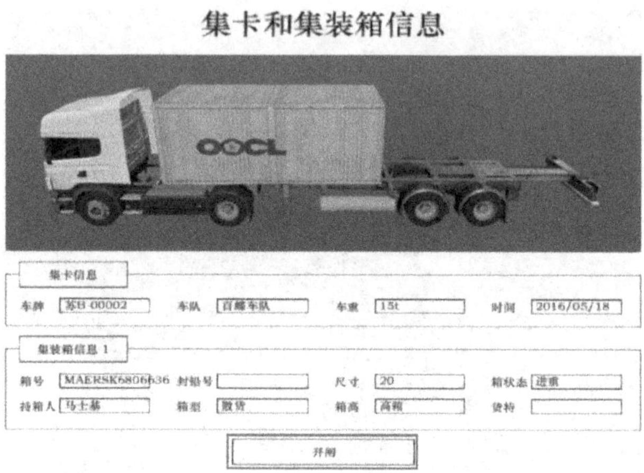

图 5-31　开闸

1. 集装箱重箱进场

(1) 学生使用自己的账号登录，进去之后，选择【任务五、重箱进场业务操作】—【港口调度员】—【准备】—【开始】，进入 3D 虚拟场景。

(2) 控制人物进入中控室，走近电脑，根据提示按“F”键操作电脑。

(3) 打开虚拟电脑界面上的进入船舶管理系统，依次选择【出口集港及装船】——【出口仓单录入】，在下拉列表中选择出口航次，勾选出口舱单信息，点击【提交】，如图 5-32 所示。

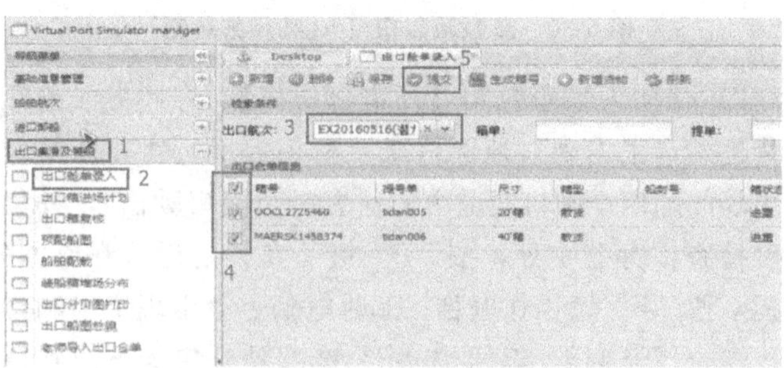

图 5-32　出口仓单录入

（4）点击【出口箱进场计划】，选择【出口航次】，点击【分类】，勾选 20 英尺的集装箱信息前面的复选框，在【箱区】中选择 1A 并选择 03 贝位（注意 20 英尺的箱子用奇数表示，40 英尺的箱子用偶数表示），在【场吊作业区域】选择 1A03，再点击【保存】，如图 5-33 所示。

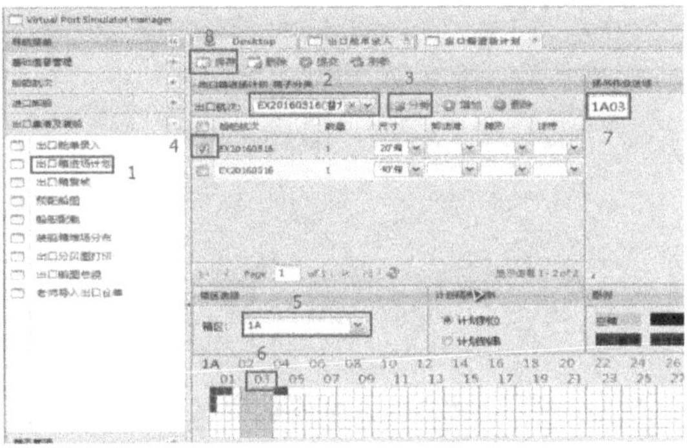

图 5-33　出口箱进场计划（20 英尺集装箱）

（5）选择 40 英尺的集装箱信息前面的复选框，在 1A 箱区中选择 10 贝位，在【场吊作业区域】选择 1A10，点击【保存】，然后在【船舶航次】里面同时勾选 20 英尺和 40 英尺集装箱进口航次信息，再点击【提交】，如图 5-34 所示。

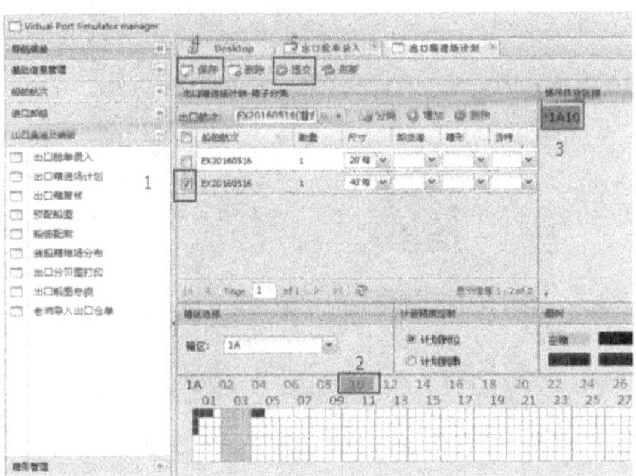

图 5-34　出口箱进场计划（40 英尺集装箱）

（6）点击【中控调度】，选择【场吊调度】，在【场吊编码】里面勾选 L01，在【堆场信息】里面选择 1A 箱区，并在【调度区域】中选择＊1A，再点击【保存】，按“F”键退出电脑操作，如图 5-35 所示。

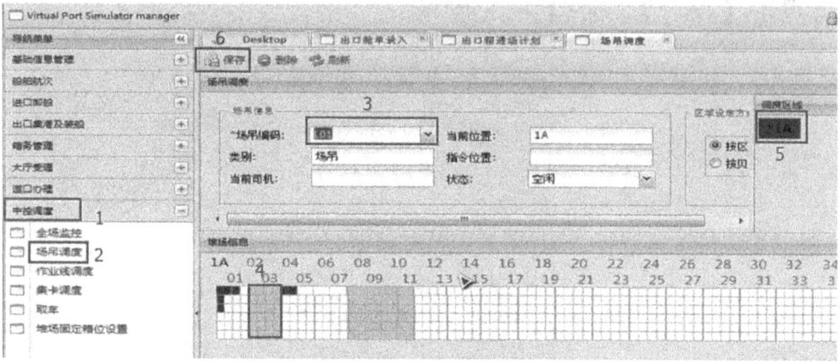

图 5-35　**场吊调度**

（7）切人物角色为【外集卡司机】，控制人物进入集装箱货运站，进门靠右手边会看到集卡公司取车点，根据提示按“F”键进行操作，点击【取车】，如图 5-36、图 5-37 所示，在【车辆信息列表】勾选 20 英尺集装箱信息前面的复选框，点击【取车】，然后按“F”键结束取车操作，如图 5-38 所示。

图 5-36　**取车点**

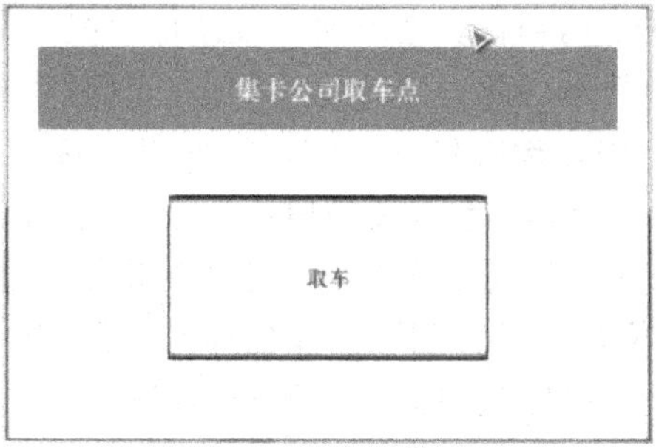

图 5-37　取车操作

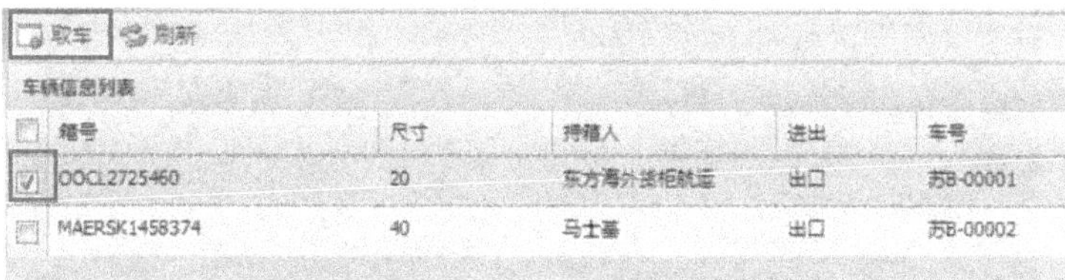

图 5-38　取车（20 英尺集装箱）

（8）外集卡司机来到集装箱货运站的站台外面，会看到已经装好集装箱的车辆，走进集卡车，按“F”键操作集卡车，按“T”键挂挡驾驶卡车出门左转去百蝶港，如图 5-39 所示。

图 5-39　外集卡车

（9）驾驶车辆到百蝶港外面，根据地面提示，选择 4 个收箱进场通道的其中任意一个，将外集卡车驾驶到闸口旁边，按“F”键下车，进入检查口办公室，根据提示按“F”键操作电脑，电脑上会显示集卡和集装箱信息，点击【确认】，如图 5-40 所示。勾选【出口箱信息】中 20 英尺集装箱信息前面的复选框，【自动选位】—【开闸】—【打印小票】，按“F”键退出电脑，在左边的打印机前面，根据提示按住“Ctrl”键同时按鼠标左键拿起打印好的小票，如图 5-41 所示。

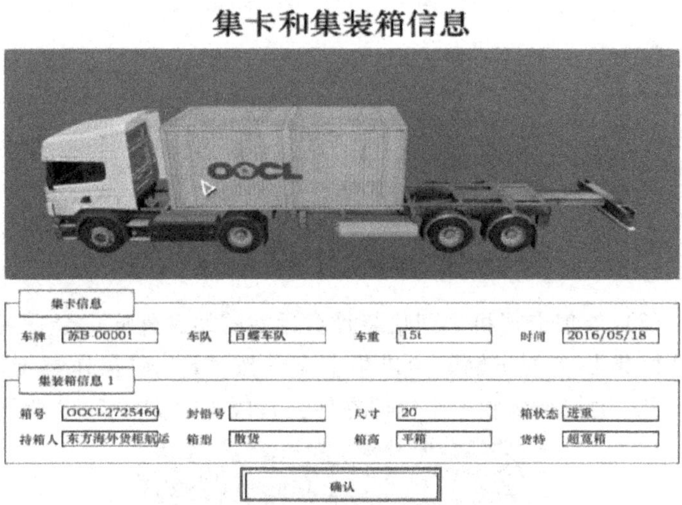

图 5-40　确认集卡和集装箱信息

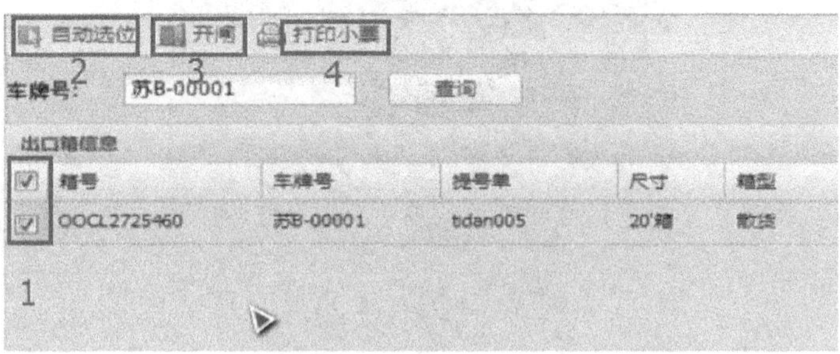

图 5-41　选位/开闸

(10) 在任务栏中单击打开单据，如图 5-42 所示；选择【收箱小票】，双击打开收箱小票的详细信息查看集装箱场箱位位置为 1A0311，如图 5-43 所示。然后在任务栏中单击单击单据按钮，收起单据。

图 5-42　打开单据

图 5-43　查看收箱小票

(11) 按 “F” 键驾驶外集卡车去 1A0311 堆场，到位置后按 “F” 键结束外集卡操作，切换人物角色为【龙门吊司机】，按 “F” 键操作龙门吊，如图 5-44 所示；按 “Q” 键进行选位，勾选【口门收箱】前面的复选框，点击【查询】，在【出口箱信息】勾选 20 英尺集装箱信息前面的复选框，在【区位剖面图】中选择 * 1A0311，然后再点击【选位】—【提交】，选位成功后该场箱位放箱子的位置会呈黄色高亮显示，如图 5-45 所示。

图 5-44　操作龙门吊

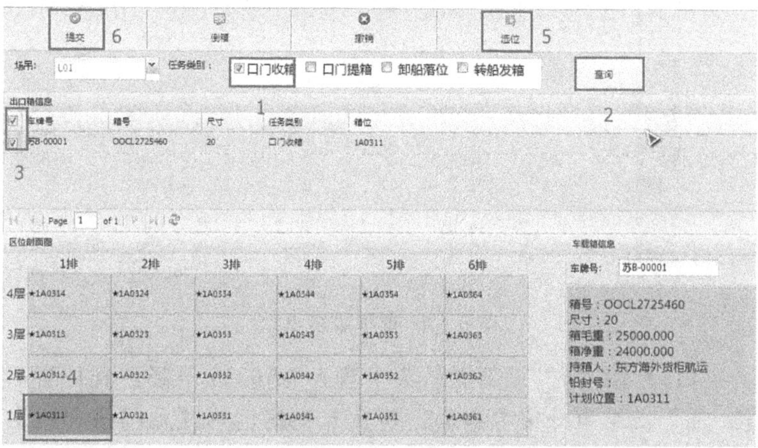

图 5-45　收箱选位

（12）按“A”“D”“W”“S”键和键盘方向键操作龙门吊（龙门吊操作方法可参照任务二），将集装箱从集卡车上吊起放到 1A0311 堆场上，（按“F1”“F2”“F3”切换视角，便于吊箱），如图 5-46、图 5-47 所示。

图 5-46　**吊起箱子（20 英尺集装箱）**

图 5-47　**集装箱落座场箱位（20 英尺集装箱）**

（13）切换人物角色为【外集卡司机】。将外集卡车开回原位，然后在取车点进行另一辆外集卡车的取车操作，进行 40 英尺集装箱的进场作业，根据提示按“F”键取车，在【车辆信息列表】勾选 40 英尺集装箱信息前面的复选框，点击【取车】，如图 5-48、图 5-49 所示。

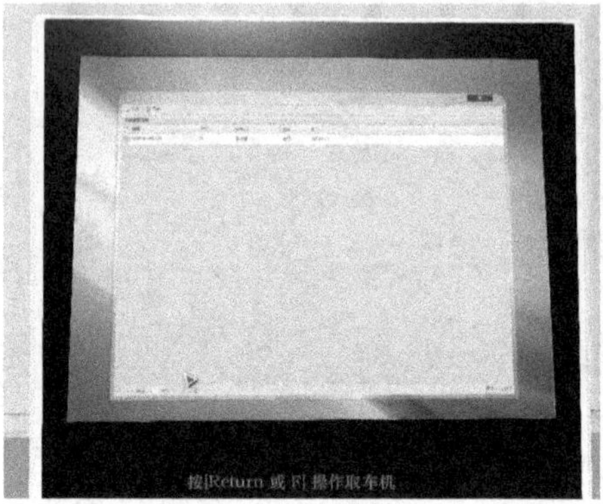

图 5-48　操作取车机

图 5-49　取车操作

（14）外集卡司机来到集装箱货运站的站台外面，会看到已经装好集装箱的车辆，走进集卡车，按“F”键操作集卡车，按“T”键挂挡驾驶卡车出门左转去百蝶港，如图 5-50 所示。

图 5-50　外集卡车（40 英尺集装箱）

(15) 驾驶车辆到百蝶港外面，根据地面提示，选择 4 个收箱进场通道的其中任意一个，将外集卡车驾驶到闸口旁边，按“F”键下车，进入检查口办公室，根据提示按“F”键操作电脑，电脑上会显示集卡和集装箱信息，点击【确认】，如图 5-51 所示。勾选【出口箱信息】中 20 英尺集装箱信息前面的复选框，【自动选位】—【开闸】—【打印小票】，按“F”键退出电脑，在左边的打印机前面，根据提示按住“Ctrl”键同时按鼠标左键拿起打印好的小票，如图 5-52 所示。

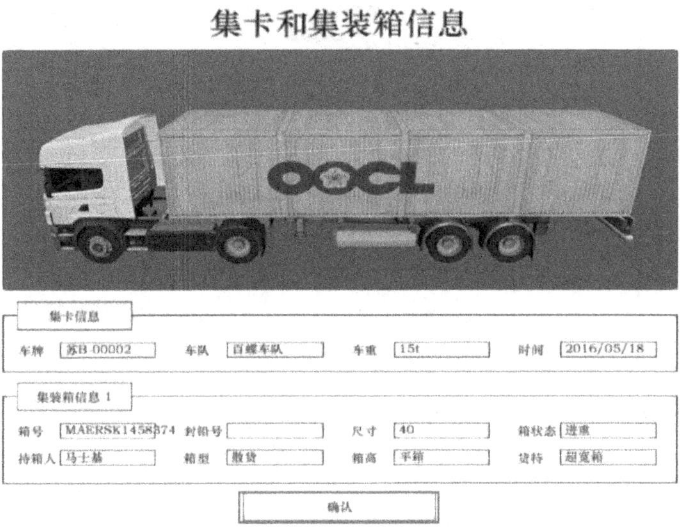

图 5-51　确认集卡和集装箱信息

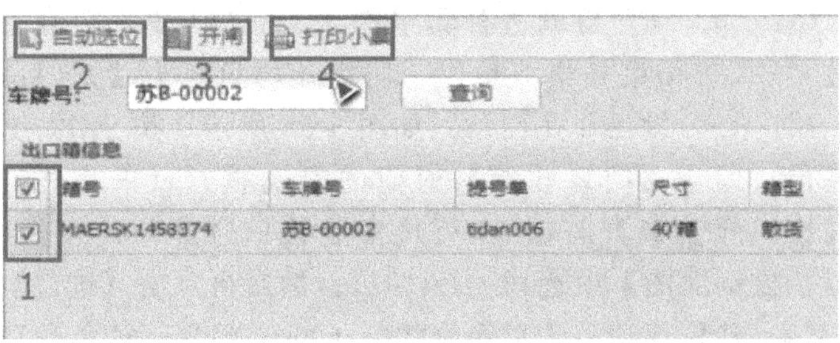

图 5-52　选位/开闸

（16）在任务栏中单击打开单据，如图 5-53 所示；选择【收箱小票】，双击打开收箱小票的详细信息查看集装箱场箱位位置为 1A1011，如图 5-54 所示。然后在任务栏中单击单击单据按钮，收起单据。

图 5-53　打开单据

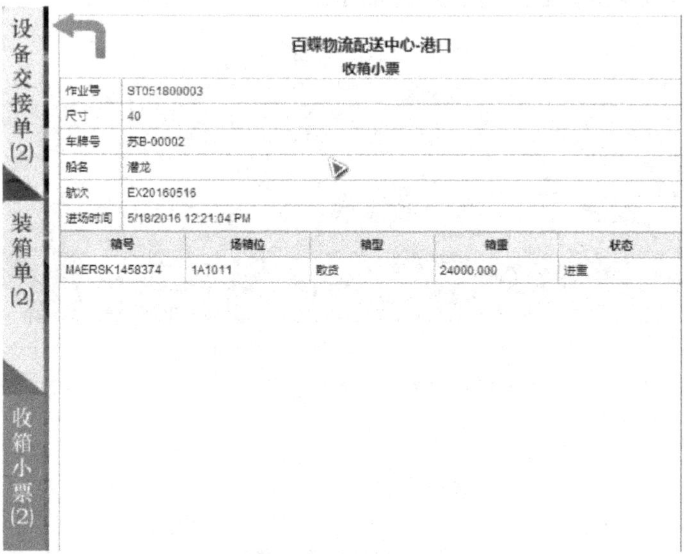

图 5-54　查看收箱小票

（17）按“F”键驾驶外集卡车去 1A1011 堆场，到位置后按“F”键结束外集卡操作，切换人物角色为【龙门吊司机】，按“F”键操作龙门吊，如图 5-55 所示；按“Q”键进行选位，勾选【门口收箱】前面的复选框，点击【查询】，在【出口箱信息】勾选 40 英尺集装箱信息前面的复选框，在【区位剖面图】中选择＊1A1011，然后再点击【选位】—【提交】，选位成功后该场箱位放箱子的位置会呈黄色高亮显示，如图 5-56 所示。

图 5-55　操作龙门吊

图 5-56　收箱选位

(18) 按“A”“D” W”“S”键和键盘方向键操作龙门吊

（龙门吊操作方法可参照任务二），将集装箱从集卡车上吊起放到 1A1011 堆场上，如图 5-57、图 5-58 所示。（按“F1”“F2”“F3”切换视角，便于吊箱）。将外集卡车开回集装箱货运站，此次重箱进场业务操作结束。

图 5-57　吊起箱子（40 英尺集装箱）

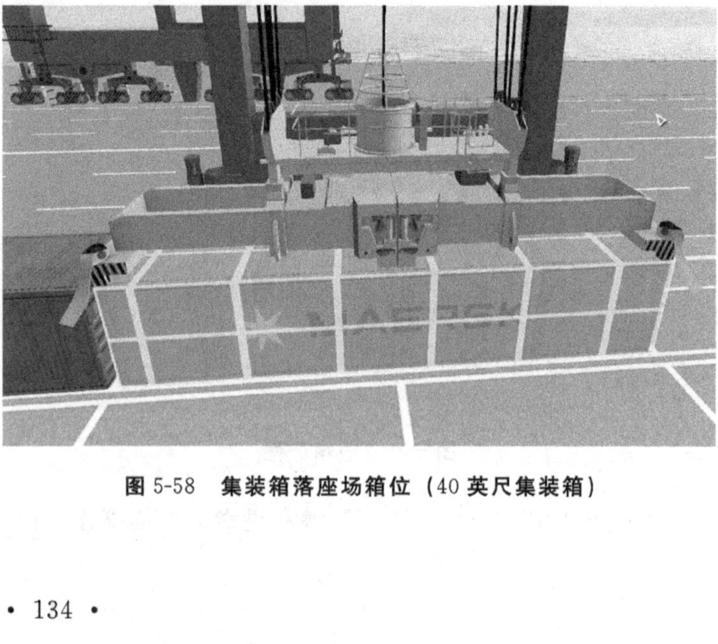

图 5-58　集装箱落座场箱位（40 英尺集装箱）

项目六　集装箱的箱务管理业务

第一节　集装箱堆场的整理

集装箱堆场的整理工作主要是对场内的箱子进行归位、并位和转位。

归位是指堆场内箱子状况发生变化后，从变化前的箱区，归入状态变更后的指定箱区的作业过程。最常见的是由该港、箱子的目的地或目的港的更改导致的箱区的变化。

并位是指同一堆场箱区内将零星分散的集装箱整理合并在一起的作业过程。集装箱进出码头非常频繁，在频繁的操作后，集装箱的堆放就会显得有些零散，因此要进行并位调整箱位，腾出箱位用于接下来的计划。

转位是指同一堆场不同区间，或同一箱区不同箱位之间集装箱整理转移的作业过程。集装箱堆场内箱子的归位、并位、转位，主要目的是提高堆场的利用率，提高箱区的作业效率和船舶的装卸效率，减少码头作业出差错的可能性，减少翻箱的情况。

一、出口箱整理

出口船舶开装前，根据船舶已进场集装箱所在的箱区，将箱区中只有少量该船的集装箱集中归并到该船的较多集装箱所在的箱区。比如上航次的一些退关箱，应该将这些集装箱归并到该航次出口的集装箱箱区，以方便配载、装船作业，提高效率以及避免少配漏装。

出口船舶开航后，必定有些出口集装箱由于种种原因，比如出口报关不成功、商检没过、客户已装箱进港，但货物不合格还需加工等情况没转船。应在装卸船作业较空的情况下，及时对其安排进行退关箱等的归并；将同一船名航次的集装箱分尺寸类型、港口等并在一起。

二、 进口箱整理

空箱在进口卸船后，船公司会尽早进行安排，要么中转出口，要么驳箱出场。一般来说，船公司不可能将空箱在码头堆存比较长的时间，进口后必定会用于中转出口或当地用箱，但也有一些特殊情况，比如发生了一些海损事故，或者空箱在码头发生了一些重大事故不得不到保险勘验结束或者共同海损理算结束后，才能做相应安排。这就需要对这些空箱按箱主、尺寸类型、堆存状态、进口船名航次等进行分类归并。

重箱进口卸船后，有些货没有及时拉出港区拆箱并将空箱还给船公司，多数是因为清关出了问题、箱子被海关查验了、有关货物的资料不全不让进口、没有及时收到提单、货主找不到了等。这也就导致箱子进口后不久，就一两个集装箱占了一个箱区，所以就应该及时归并这些超期箱，集中安排移到堆放集装箱较多的区域，使场地得到高效利用。

三、 疏港

集装箱堆场是运输过程中的周转性堆场，不能用于中长期储存。码头为了保证船舶装卸作业的正常进行和堆场进场畅通，往往根据国家关于集装箱疏运的有关规定，结合码头实际情况和海关监管的情况，将进口集装箱疏运到港外堆场，在港口物流实务中简称疏港。疏港主要分为以下几种情况。

（1）对废纸、废金属等废品箱，根据口岸的要求进行专门管理而进行疏港。

（2）超期重箱的疏港。由于堆场的堆场量有限，码头为了确保生产效率，对于港区堆场超过规定时间的进口重箱采取转疏港的措施，即将超期堆存的集装箱疏至后方堆场进行堆存，并收取一定的转运费用。此办法既缓解了集装箱在港堆存的压力，又对超期提箱的货主采取了一定的惩罚措施，督促其尽早提箱。

(3) 直卸疏港。为了缓解堆场紧张情况，码头对于一些船舶的卸船采取直接卸箱至后方堆场的方式，即直卸疏港。在实际应用中，直卸疏港的概念是很广泛的，也包括集装箱卸下后的转场。

第二节　集装箱箱务管理业务

集装箱的箱务管理是国际集装箱运输系统中极其重要的环节，也是十分重要的工作。做好集装箱的箱务管理，有利于降低集装箱运输总成本，减少置箱投资，加快集装箱的周转，提高集装箱货物的装载质量和货运质量，提高企业经济效益和竞争能力。集装箱箱务管理主要包括装箱堆场的箱务管理和船公司的箱务管理等内容，如集装箱的备箱、调运、保管、交接、发放、检验及维修等。

一、集装箱堆场箱区管理

箱区是指集装箱堆场堆放集装箱的区位位置。集装箱堆放在堆场，一般都用一组代码表示其在堆场内的物理位置，这个位置就是场箱位，场箱位一般由缩区、位、推、层组成，箱区的编码一般有两种方法：一种是用一个或两个英文字母表示；另外一种是用两位数字表示，第一位是码头泊位号，第二位是表示堆场从海侧到陆侧后方堆场的顺序号。

1. 箱区的分类

集装箱堆场是由多个箱区组合而成的，每块箱区根据其类别都有专门名称：

① 按进出口业务分为进口箱区、出口箱区和中转箱区；

② 按集装箱种类分为普通箱区和特种箱区，特种箱区包括冷藏箱区、危险品箱区、超限箱区、残损箱区等；

③ 按集装箱状态分为空箱区和重箱区；

④ 按装卸工艺分为龙门吊箱区、正面吊箱区和堆高机箱区等。

2. 箱区的规划原则

箱区规划是堆场计划的基础，首先要根据港区堆场箱区分布使用情况、码头装卸效率、到港船舶密度、船舶运量大小、进出口箱量比例、空重箱堆存比率等情况，对港区堆场进行总体规划，并根据进出口箱量与空重箱箱量的变化对港区堆场进行适时调整，利用计算机系统实行堆场有效管理，使港区堆场得到充分利用。所以，对港区进行规划必须遵循以下原则：

① 进出口箱要分堆；

② 空箱、重箱要分堆；

③ 不同尺寸的箱子要分堆；

④ 中转箱要单独堆放；

⑤ 冷藏箱、危险品箱、超限箱等有特殊要求的集装箱应放入专门场地专门堆放；

⑥ 不同箱主的空箱按不同箱型尺寸分堆；

⑦ 出口重箱按船名、航次、中转港、目的港、重量等进行分堆；

⑧ 残损箱应留有一定的堆存位置。

3. 出口箱区的规划

不同码头对出口集装箱进场有着不同的相关规定，这要根据码头的实力和堆场的大小而定。比如有些码头对出口集装箱进场时间的有关规定是：支线船在船舶开装日期前 4 天的零时，干线船在船舶开装日期前 5 天的零时。开始进场前，必须安排箱区进行堆放，考虑在船配载时，减少翻箱，箱区安排是否科学合理，直接影响到装船时的发箱速度，继而影响装船效率。需要安排进场的船舶都体现在近期计划里，在安排进箱同时应有具体的进箱时间及危险品进箱时间，在计划箱区和安排集装箱进场时，应考虑以下几点：

① 按位堆放：同一位，堆放同一港口同一重量等级的箱子。

② 按列堆放：同一列内，堆放同一港口同一重量等级的箱子，但在同一位内不同的列可以堆放不同港口、不同重量等级的箱子。重量等级是指按集装箱箱量划分的区域值，比如10～15吨为一个级别。

③ 按卸货港或者中转港、重量等级堆放在于同一位或同一列中。

④ 对于船型较大的船舶，要考虑多路作业安排场地，对于同一港口数量较多而多路作业的，也要考虑多路作业安排场地。

⑤ 多路作业的干线船，在规划的箱区分散堆放。

⑥ 一路或两路装船作业的支线船，堆场尽量安排集中堆放。

⑦ 干线船的出口箱位置按几个箱区轮流依次逐个位置安排进箱，一般是在一个位置进箱完后，再安排下一个箱区位置。在堆场位置宽松的条件下，可按照交替进箱的方式。在某种集装箱集中进场时，也应按照交替进箱的方式。

⑧ 提前进场箱与延迟进场箱进场均是在计划外的操作，须在受理中心预约后方能进场。

⑨ 延迟进场箱若为本航次加载箱，可安排至本航次出口箱区，与其他本航次已放行的出口箱区合并放在一起。若非本航次出口箱，则安排至该航次出口箱区即可，注意要与本航次出口的集装箱分开堆放。

4. 进口箱区的规划

堆场计划员在收到进口的集装箱清单和详细的摘要后，进行堆场安排。进口摘要中，必须含类别、尺寸类型、箱主、危险品箱、温控箱等具体信息。安排进口空箱位置时，堆场计划员应根据不同船名、航次、箱子尺寸、危险品、冷藏箱等不同类型分开堆放，并考虑具体的卸船箱量及场地的已堆存情况进行安排。安排场地时应尽量考虑船靠港的船期先后、泊位、作业路数、场地已有作业机械、卸入箱的疏港情况等。对于中转箱，既可按中转类别安排堆场，也可按工作点和箱主来安排堆场。在规划时需要注意：

① 空箱、重箱分开堆放；

② 空箱按箱主、类别尺寸分开堆放；

③ 冷箱、危险品箱、超限箱、残损箱进专用箱区堆放；

④ 需插电的温控重箱、危险品箱区最高堆放三层；

⑤ 货物超限的框架式、平台式或开顶箱，堆放一层高度，且箱货与箱货之间的间距至少保持 50 厘米；

⑥ 罐式集装箱禁止堆在靠近车道的一列。

二、在场集装箱管理

1. 重箱管理

(1) 进场重箱管理

进口重集装箱：码头理货员在船边核对箱号、尺寸类型，检查铅封、箱体。若有箱号不符，铅封与实际情况积载不符、灭失或断裂，箱体残损，冷藏箱的温度与记载的不符等情况，都要进行记录，由大副签字确认。在港区堆存超过规定天数的，比如 10 天、15 天，视为超期箱，移到指定的场地。

出口重集装箱：检查桥工作人员核单证，核对箱号、箱型尺寸，检查铅封、箱况，正确记录，交接双方签字。

(2) 出场重箱管理

进口重集装箱：凭船公司或其代理签发的设备交接单和海关放行的 D/O，付清在港区的相关费用后，进行放箱。

出口重集装箱：凭船公司或其代理签发的设备交接单以及海关签发的退关箱出卡口证明放出口退关箱。装船配载前，堆场员核实集装箱的堆场位置，然后船边理货员核对装船。

2. 空箱管理

(1) 空箱进场管理

进口空箱：理货员在卸船时检查验收，并安排进入计划的场地。

出口空箱：出口空箱通过检查桥进场。在得到船公司的出口计划时，该计划应该包括所装空箱的船名、航次、数量、箱型、计划进港时间、船舶预计进港时间、目的港（如有中转港也应注明）、安排驳箱进港的公司或车队名称。根据上述信息合理安排场地。进场时，检查桥审核 EIR，将箱子安排到计划的出口箱区。

（2）空箱出场管理

对于本地/中转出口装船的空箱，所有装船的空箱按船公司计划配载装船，理货员在船边确认装船。

对中转的空箱，船公司会有不同的安排，根据本地和其他港口的用箱情况，可以安排本地出口用箱，船公司会安排车队空箱，也可以安排装船到其他不同的港口。在得到船公司的计划后，明确所出口箱的箱主、船名、航次、尺寸类型、数量等，将堆场里的空箱进行合理分配。同一情况下安排应尽量选择堆放区域集中的集装箱，且最好不要有翻箱。

在有空箱装船出口计划时，结合该计划的箱型、数量、航次，选择相应的在港空箱配载上船，比如安排装同一船名航次同一货港的中转出口空箱。由于舱位、船期、空箱的需求量等不稳定因素的存在，船公司的计划随时都有可能改变，所以不仅堆场里的空箱安排要随时更改、合理安排，对于箱区的计划也要进行相应的安排。箱主提空箱出场时，检查桥根据箱主签发的设备交接单进行放箱。

3. 冷藏箱的管理

（1）进口冷藏重箱

① 在船舶卸船前，堆场计划将冷藏箱信息及时通知冷藏箱场地工班，卸船时安排专门的冷箱箱区。

② 船边理货员在卸船前先检查制冷温度和箱体情况，发现异常应会同船方做好签证工作。

③ 堆场控制员在堆场检查箱体状况时，如有问题应立即通知船边理货员和控制室；如箱体状况正常，则进计划内的场

地，接通电源。

④ 冷藏箱出场时应提前切断电源，堆场员收妥电线和插头，指挥吊机司机装车。

（2）出口冷藏重箱

① 出口冷藏重箱在进检查桥时，即必须对冷藏集装箱进行严格检查，箱况、箱号、冷冻机、控制箱外表、PTI 标贴、商检合格标点、巡查记录表温度与集装箱单温度要求一致。如果发现问题，不得安排入场；待问题解决后，再安排进场，将箱子放到指定的箱位。

② 集卡车到指定箱位后，接通电源，确认冷冻机工作正常后再将箱子吊下，放到指定的箱位。如果冷冻机工作不正常，应拒绝接收或者根据客户的指示安排合理的修理。

③ 进场后，定期对冷藏箱的温度、冷冻机工作状态进行巡查，并做好记录。

④ 装船时，应提前切断电源，收妥电线和插头，指挥吊机司机装车。

4. 危险品集装箱管理

危险品集装箱是指箱内装有《国际危规》中列明的危险品货物之日起，直到该集装箱拆箱、清洗妥当为止的集装箱。

（1）危险品货物的确认

凡经码头进出的危险货物（除《国际危规》中列明第 6、8 类非冷冻危险货物外），货主、船公司或其代理人事先都须向港方申报，获得同意后船方才能承运。同时须填报船舶载运危险品集装箱安全适运申报单，批准后方可装卸船。

（2）危险品集装箱交接

危险品集装箱卸船前，码头理货员仔细检查箱体、铅封和箱体四周张贴与箱内货物相应的危险品标志，并仔细核对箱号，发现不符或异常，通知船方并记录。

出口危险品集装箱在进入码头时，承运人需持港监签署的集装箱装运危险货物装箱证明书。检查桥工作人员仔细检查箱体、铅封和箱体四周张贴与箱内货物相应的危险品标志，如有不符应拒绝接收。

(3) 危险品集装箱的装卸

每个港口的规定和情况有所不同，比如有些港口对装有《国际危规》中列明第1、2、7类及冷冻危险品的集装箱必须采用车→船、船→车直取直装的方式，对装有《国际危规》中列明的第3、4.2、4.3、5.1、5.2类的集装箱尽量采取直取直装方式。

危险品集装箱卸船前，要布置落实安全操作防范措施及急救办法。

(4) 危险品集装箱的储存

危险品集装箱堆垛根据危险货物的不同，一般只许堆两层，并根据《国际危规》的隔离要求对不同性质的危险货物进行有效的隔离。危险品集装箱堆放在专用的危险品箱区，应设有隔离栏和喷淋装置，在高温季节对一些可喷淋的危险品集装箱喷淋降温。

5. 超限集装箱管理

超限集装箱是指装载有超高、超宽、超长货物的开顶箱、平板箱、框架箱。超限集装箱堆高一层，在专用的箱区堆放。一般超宽超过30厘米，相邻列不得堆放集装箱；超长超过50厘米，相邻位不得堆放集装箱。

三、船公司集装箱的箱务管理

1. 集装箱空箱调运及管理

船公司箱务管理的核心工作就是对集装箱空箱的调运与管理。集装箱空箱的调运与管理关系到集装箱的利用程度、空箱调运费的开支、适箱货物的及时发送以及企业的经济效益。在集装箱运输航线货源不平衡的情况下，空箱调运在所难免。通过合理的空箱调运，可以降低船公司航线集装箱需备量和租箱量，从而降低运输成本，提高船公司的竞争能力和经济效益。据统计，仅美国每年因空箱调运而产生的各种费用高达35亿美元，如按每个标准箱2400美元购置费计算，可以购买

145 万个标准箱。因此，必须研究合理调运空箱，同时可考虑租箱策略，以求最大限度地节约空箱调运费。

（1）产生空箱调运的原因

产生空箱调运的原因很多，主要有以下几点：

① 由于管理方面的原因产生空箱调运。如由于单证交接不全，流转不畅，影响空箱的调配和周转；又如货主超期提箱，造成港口重箱积压，影响到集装箱在内陆的周转，为保证船期，需要从附近港口调运空箱。

② 进、出口货源不平衡，因而造成进、出口集装箱比例失调，产生空箱调运的问题。

③ 由于贸易逆差导致集装箱航线货流不平衡，因而产生空箱调运。

④ 由于进出口货物种类和性质不同，因而使用不同规格的集装箱，产生航线不同规格集装箱短缺现象，需要调运同一规格的空箱，以满足不同货物的需要。

⑤ 其他原因。如出于对修箱费用和修箱要求考虑，船公司将空箱调运至修费低、修箱质量高的地区去修理。

（2）完善空箱调运的策略

由于客观货物流向、流量及货种的不平衡，产生一定数量的空箱调运是必然的。通过加强箱务管理，实现箱务管理现代化，减少空箱调运量是完全可以实现的。

① 组建联营体，实现船公司之间集装箱的共享。联营体通过互相调用空箱，可减少空箱调运量和航线集装箱备量，从而节省昂贵的空箱调运费和租箱费。

② 强化集装箱集疏运系统，缩短集装箱周转时间。通过做好集装箱内陆运输各环节的工作，保证集装箱运输各环节紧密配合，缩短集装箱内陆周转时间和在港时间，以提供足够箱源，不至因缺少空箱而从邻港调运。

③ 强化集装箱跟踪管理系统运用，实现箱务管理现代化。通过优化集装箱跟踪管理计算机系统，采用 EDI 系统，以准确的方式快速掌握集装箱信息，科学而合理地进行空箱调运，

最大限度地减少空箱调运量及调运距离。

2. 带箱费的收取

为了更有效地控制集装箱，缩短周转时间，弥补由于周转时间长而造成的集装箱运费收入和租金损失，对于客户在超过船公司规定的免费用箱期后，船公司往往按一定的计费方式收取滞箱费。客户的用箱时间一般为进口后到返还空箱时间和出口提箱后到返还空箱/装船时间。因为每个港口实际情况不同，客户的用箱时间有所差别，这就要看相关业务的主动权是由客户控制还是由承运人控制。这样通过控制客户的用箱时间，使客户尽快安排进口重箱的拆箱或者出口货物的装箱、清关和及时装船，从而提高集装箱的周转效率。如果客户提空箱之后取消出口计划，那也应该及时将空箱还给承运人。

3. 集装箱的修理与维护

国际集装箱安全公约（CSC）规定，新箱在出厂后 24 个月内要进行内箱检验，5 年时要进行箱体检验，并在以后每 30 个月检验一次。因此，船公司的箱管部必须对公司内所有集装箱统筹计划和组织实施，做好维护保养工作，确保集装箱满足 CSC 规定要求。

另外，集装箱在运输、装卸、搬运、堆存过程中由于种种原因总会造成许多缺陷。集装箱的缺陷分为损坏、自然损耗和不合理修理。损坏是指有单个或者多个事件如撞击、磨损、污染等造成的单个或者多个集装箱的物理缺陷；自然损耗是指在正常使用的情况下，如在海上航行中暴露在海水中，不断地消耗磨损而造成的一个或者多个的物理缺陷；不合理修理是指并没有按照国际集装箱出租者协会（IICL）推荐的修箱方法对坏箱进行的修理。

对于在 IICL 的验箱标准下需要进行修理的，应根据船公司的要求及时将修理估价单报船公司审批，如果船公司对箱子坏损有必要进行联合检验或者退租、全损等作进一步处理的，那么堆场应等船公司的进一步指令后再做安排。在修箱的时候应根据船公司对集装箱适货的要求，结合 IICL 的验箱标准和推荐的修箱方法进行修理。及时将修理完毕的箱子进行归位，从坏箱状态更改为好箱状态，以表明箱子已修复，可以放箱出场。

第三节 集装箱货运站业务管理

一、集装箱货运站的功能

集装箱货运站（Container Freight Station，CFS），是集装箱码头对进货进行收发交装箱、拆箱配载、保管等业务操作的场所。集装箱货运站和传统的件杂货码头的库场有很大的区别。杂货码头的库场与码头装卸有直接的联系，相当于集装箱码头的箱区场；而集装箱货运站主要负责集装箱拼箱货的相关装箱、拆箱、保管、收发等业务，规模比件杂货码头的库场要小。集装箱货运站一般都设有仓棚、仓库、堆场，便于车辆出入、疏运和操作，还应有海关和检验机构等办公地点以及必要的装卸设备，如叉车、龙门吊、装卸平台、集装箱牵引车等。

集装箱货运站的功能有：

① 拼箱货的理货和交接；

② 拼箱货的配箱积载和装箱；

③ 进口拆箱货的拆箱和保管；

④ 对库存货物的统计和保管；

⑤ 对口岸单位提出要查验的集装箱进行移箱、查箱、捣箱及归位作业；

⑥ 代承运人加铅封并签发场站收据等各项单证。

二、集装箱货运站出口货运业务

1. 办理货物交接

办理货物交接的步骤如下：

① 送货人将货物送至货运站，货运站工作人员根据送货单所提供的委托代理、进仓编号、进仓件数、进仓货名、包装

类型、送货单位及送货车号等信息进行受理，根据进仓货物情况及库内货位情况，合理安排进仓预订货位。

② 理货员根据收货记录要求及货物具体特性督促装卸工及铲车司机按有关货运质量标准进行卸货作业，并填写收货记录。卸货结束后，理货员在收货记录上签字并与送货人办理货物交接手续。

③ 货运站工作人员一一核查收货记录上的进仓件数及货物唛头和有关残损记录等单证，确认无误后，将收货记录的回执联盖章或签字并与送货人办理货物交接手续。

④ 仓库管理员根据桩脚牌显示的进仓编号、总关数/总件数及对应货位等进行核查校对。

2. 积载装箱，制作装箱单

具体步骤如下：

① 业务员根据委托货代提供的预配清单、设备交接单等单证信息安排出口装箱。

② 业务员及时安排空箱到位，仔细核查装箱单对应进仓编号货物的进仓件数、货号、唛头等与装箱单数据的一致性。按照清单要求进行出口货物配箱，并打印预配装箱单，将预配装箱单、对应的收货记录及对应的铅封装订好，交调度员。

③ 调度员根据装箱单证要求详细了解装箱货物的特性、货物的积载因素等，及时安排装箱理货员及相关作业人员到位合理地进行装箱作业。

④ 装箱完毕，业务员根据调度员反馈的交接单证进行核对，编制装箱单等相关单证，并整理归档。

3. 将出口重箱运至码头堆场

已经装箱完毕的重箱，由业务员安排转移至集装箱码头的前方堆场，准备装船。

三、集装箱货运站进口货运业务

1. 拆箱交货准备工作

集装箱货运站在船舶抵港前，应从船公司或船代处获得有关单证，包括提单副本、货物舱单、装箱单、货物残损的报告和特殊货物表等。在船舶进港时间、卸船和堆场计划确定后，货运站应与码头堆场联系，确定提取拼箱集装的时间，并制订拆箱交货计划，做好拆箱交货的准备工作。

2. 发出交货通知

应根据拆箱交货计划，及时向各收货人发交货日期的通知。

3. 从堆场领取载货的集装箱

与码头堆场联系后，货运站即可从堆场取集装箱，并办理设备交接单或内部交接手续。

4. 拆箱及还箱

具体步骤如下：

① 业务员根据委托拆箱申请，落实收取相关费用，按照客户作业要求和货物特性，开具开箱作业单并通知调度安排相应作业计划。

② 装卸人员及理货人员配合进行拆箱作业，从箱内取出货物，一般按装箱单记载顺序进行，取出的货物应按票堆存。

③ 拆箱完毕，业务员根据拆箱计数单、拆箱作业单、收货记录、交货记录等进行计算机拆箱及进库确认，并将单证整理归档。

④ 拆箱后应将空箱尽快还给堆场，并办理设备交接单或内部交接手续。

5. 交付

货运站代表承运人向收货人交付货物。收货人领货时，应出具船公司或其他运输经营人签发的、海关放行的提货单。货运站核对票、货无误后，即可交付货物。交货时，应与收货人在交货记录上签字，如有异常，应在交货记录上注明。

6. 收取有关费用

交付货物时，货运站应查核所交付的货物在站期间是否发生保管、再次搬运等费用，如发生，则应在收取费用后交付货物。

7. 制作交货报告与未交货报告

集装箱货运站在交货工作结束后，应根据货物交付情况制作交货报告和未交货报告，并寄送给船公司或其他运输经营人，作为他们处理损害赔偿、催提等的依据。

四、 集装箱货运站仓储管理

1. 集装箱堆垛

集装箱货物在货运站仓库内按一定的形式和要求进行堆放存储，叫集装箱堆垛，也叫堆码、码垛。集装箱堆垛的好坏直接关系到货物和人身的安全，而且直接影响理货计数工作效率以及仓库的场地利用率，因此对集装箱的堆垛有一定的要求，具体如下：

① 堆垛整齐牢固，成行成线，做到标准化；

② 成组货物定量上垛，能点清组数，不成组货物能点清件数；

③ 按单堆码，标志朝外，箭头向上，重箱不压轻箱，木箱不压纸箱，残损另堆；

④ 堆垛时先里后外，先算后堆；

⑤ 堆垛时要考虑出货的方便，不同票的货不相压，大票货不围小票货；

⑥ 要根据不同的货物性质，包装形式堆成不同的垛型；

⑦ 要注意有包装储运指示标志及危险品标志的货物应按其要求堆码；

⑧ 在每一单货物上醒目的位置拴挂货垛（桩脚）牌，清楚标明日期、委托货代、进仓编号（提单号）、货名、总件数、关号、货位、理货员签名等内容。

2. 集装箱保管

货物进仓后，集装箱货运站就要开始对货物进行保管，承担货物的安全责任，确保不发生货损、货差等事故，所以必须做好以下几项工作：

① 台账健全，定期盘点。有货有账，货账相符。货物入

库、出库及时登账或销账。同时，根据实际情况进行定期盘点。

② 防盗仓库值班员尽职尽责，把好仓库大门，人员进出登记，无关人员不得进出仓库。

③ 做好防火、防汛、防台工作。在明显的地方设置配备消防器材，清除火灾隐患，杜绝火种入库，不准在仓库内吸烟。明火作业必须按相关的安全操作规程，配备好灭火器。在台风季节、多雨季节，做好仓库的防水排水工作，如发现仓库的外表结构出现破裂等不安全因素，及时修理。

④ 地脚货、超期货、危险品货物的管理。地脚货是指货物外包装破损而散漏出来的货物。及时修复破包装，减少地脚货，及时清理漏出的地脚货。对无主货应及时联系发货人，对超期货要及时和收发货人联系，如超过一定时间，应根据海关的有关规定进行处理。

⑤ 货物的整理。定期对零散的货物进行归、并、转，使得堆垛整齐，提高货位的利用率。

五、 集装箱装箱技术

1. 普通货物的装箱要求

具体要求如下：

① 不同包装的件杂货混装在同一箱内时，应根据货物的性质、重量、外包装的强度、货物的特性等情况，将货区分开。将包装牢固、重件货装在箱子底部，包装不牢、轻货则装在箱子上部。

② 货物在箱子内的重量分布应均衡稳定，做好绑扎衬垫。如箱子某一部位装载的负荷过重，货物在箱子里的移动会使箱子底部结构、侧板发生弯曲或破损；在吊机和其他装卸作业时，箱子会发生倾斜，致使作业不能进行。此外，在海上或陆上运输时，货物的移动可能会造成安全事故。

③ 进行货物堆码时，则应根据货物包装强度，决定集装箱的堆码层数。另外，为使底层箱内货物不致被压坏，应在集

装箱堆垛之间垫入缓冲材料。

④ 货物与货物之间，也应加隔板或隔垫材料，避免货物之间相互擦伤、沾湿或污损。

⑤ 货物的装载要严密整齐，货物之间不应留有空间。这样不仅可充分利用箱内容积，也可防止货物相互碰撞而造成损坏。

⑥ 装箱完毕，关箱前应采取系固措施，防止箱口附近货物的倒塌。如果没有对箱口附近货物采取系固措施，那么在目的地拆箱时可能会发生货物倒塌，造成货物损坏和人身伤亡的事故。

⑦ 使用清洁、干燥的垫料（如胶合板、草席、缓冲器材、隔垫板）。

⑧ 根据货物的不同种类、性质、包装，选用不同规格的集装箱。选用的箱子应符合国际标准，同时须经过严格的检查，并具有检查部门发给的合格证书。

2. 超尺度货物的集装箱要求

所谓超尺度货物，是指装货物的尺度超出了国际标准集装箱的尺寸。能装载超尺度货物的集装箱一般指的是那些不全部固定封闭的集装箱，如开顶箱、框架箱等。集装箱船的箱格结构和装箱集装箱的机械设备是根据集装箱标准来设计的，因此，如果货物的尺寸超过标准规格，则无论对于集装箱船的积载还是集装箱的装卸作业，都会造成一定的困难。超尺度货物一般包括超高货和超长超宽货。

(1) 超高货

通常，20ft 和 40ft 的标准集装箱的内高为 2393 毫米左右，如货物超过这一高度，则属于超高货。超高货的装载运输，对内陆运输、车站、码头、装卸机械、船舶装载等带来许多问题，影响较大的是船舶的积载和码头集装箱的装卸作业。由于集装箱码头堆场和车站使用的装卸机械设备，如桥吊、跨运车、龙门吊等都是按标准集装箱设计的，没有考虑超高货的特殊情况，因此无法利用专用吊具装卸超高较严重的集装箱。如对超高货进行装卸，必须在装卸机械上临时安装一定的附属工具才能进行。另外，超高货会影响到船舶积载，船舶积载超高箱时，如果货物高度超过顶侧梁最上端所在平面时，那么该箱上面不能再积载任何集装箱。如果重量较轻，且在舱内积载时超高尺度距舱盖有安全距离，可以放在最上一层；如果重量较重，在舱内超高尺度距舱盖不足安全距离，且必须放在较下面层时，则必定会造成亏舱。集装箱船的设计高度一般是以 8ft 6in 的高度为标准，而 IC 型集装箱通常的高度为 8ft，因此在舱内装载 8ft 高的集装箱时，舱内垂直方向将留有一定的空隙，如舱内堆 6 层高，则会出现 3ft 的空隙。

（2）超长超宽货

集装箱运输不允许货物在横向、纵向有突出的距离，首先是受到集装箱船箱格结构和集装箱箱位之间距离的限制，不能在船舱内积载。在甲板上积载时，超长超宽货尽量积载在上层，减少占用的仓位，以降低海运费和减少亏舱，同时在超长超宽的方向相邻的位置上不能再积载集装箱。在陆上运输时，其超宽的限制不如超高那么严格，关于超宽的限制则根据所使用的机械设备种类而定，如跨运车，一般对每边超宽 10 厘米以内的集装箱可从底盘车上卸下，但如超过了 10 厘米，跨运车则无法作业。

3. 液体货的装箱要求

散装的液体货可以利用罐式集装箱运输，这样可以节约大量的包装费用和装卸费用。采用罐式集装箱运输液体货物时应注意：

① 罐式集装箱本身结构、性能、箱内面的涂料是否满足货物的运输要求；

② 查明集装箱的容量与所允许载重量的比例和货物比重是否接近一致，当货物比重较大而只装载半罐的情况下，在装卸和运输过程中有损罐的危险；

③ 查明排灌时是否有必要的设备，这些设备是否适用于箱子的阀门等，并检查安全阀是否有效；

④ 了解货物的特性，在运输和装卸过程中是否需要加温以及装卸地是否具有蒸汽源和电源。

4. 冷藏货的装箱要求

冷藏集装箱所装载的货物可分为冷却货物和冷冻货物两种，前者是指一般选定不冻结的温度，或是货物表面有轻微结冻的温度，其温度范围在－11℃～1℃。冷却货物的目的是为了维持货物的呼吸和防止箱内出汗，比如一些新鲜的蔬菜、水果。冷冻货物是指将货物冷冻起来运输，其温度范围通常在－20℃～－11℃，比如肉类、鱼类等。

对冷藏货在运输途中应保持的温度，托运人在相关的单证上都有明确注明，承运人在运输过程中应严格尽到保管、照料之责，保证温度在所要求的范围之内。双方都应保管好有关该票货物所需要的文件，以便发生纠纷后就温度问题引起的争执有据可依。

冷藏货在装箱前，对集装箱和货物都应进行检查。对以下事项需特别注意：

① 检查冷冻装置的启动、运转、停止是否正常，同时做好装箱前的预冷工作；

② 检查通风孔开、关状态，冷冻机的排水管是否堵塞，集装本身的气密性，冷藏货是否达到规定的温度等；

③ 装箱时，应注意货物不要堵塞冷气通道，天棚部分留有一定间隙；

④ 装卸期间，冷冻装置应停止运转。

5. 动植物货物的装箱要求

动植物货物一般指的是牛、马、羊、猪及其经过屠宰后的皮、毛、肉等。运输该类货物的集装箱有两种，一种是非密闭性的，另一种是密闭性的。装箱时应根据具体的动物的情况，注意集装箱的适货性、装箱的环境、货物所需的备料、活动物的饲料、饲养槽、水槽、货物的装箱量等情况。

动植物的检疫应根据出口国的规定进行。同时，一些国家规定动植物的进口一定要经过检疫人员的检查，并得到许可后才能进口，如得不到许可，则会强制处理，如杀死、烧毁等。

6. 散装货的装箱要求

用集装箱积载运输散装货可节省包装费用和装卸费用。散货集装箱主要用于运输小麦、麦芽、大米、树脂、铅粉、矿砂、矿石等货物，在该类货物装箱时应注意：

① 装卸地的装卸设施选用；

② 箱型的选用及清扫；

③ 防止因货物的自然特性而造成的货损、箱损；

④ 装箱时箱子应清洁、干燥、无味等。

7. 危险货物的装箱要求

危险货物的物理特性、化学特性与普通货物不一样，对运输的安全提出了更高的要求，所以危险货物的装箱要求也相对较高，具体为：

① 不符合包装要求的危险货物，或已有破损、渗漏情况的不得装入箱内；

② 危险货物的任何部分不得突出到箱外，装箱后箱门应完全封闭；

③ 不应将危险货物与不相容的货物装载于同一箱内，特殊情况必须由主管当局同意并根据《国际危规》的隔离要求进行隔离；

④ 危险货物只有按规定包装后才能装载集装箱运输，某些干燥的散装危险货物，可装载该种货物运输的特种集装箱内；

⑤ 液体货物和非冷藏的压缩气体的装载应得到主管部门的批准；

⑥ 箱内货物和其他任何物质的包件必须固定；

⑦ 当一票危险货物只构成集装箱内所装货物的一部分时，最好将其装载在箱门附近；

⑧ 对托运人来说，应在货物托运单上或单独的申报单上保证他所托运的货物已正确申报货名、加以包装、做出标志，并具有适运的条件；

⑨ 负责将危险货物装入集装箱内的工作人员，应提交“集装箱装运危险货物装箱证明书”，以证实危险货物已正确装箱并符合相关规定。

⑩ 装有危险货物的集装箱，应在箱体外表贴有规格不少于2500毫米×2500毫米的《国际危规》类别标牌，至少有4幅这种标牌，并将其贴在箱体的前、后、左、右侧面醒目的位置。集装箱一经认为无危险性，所有危险标志应立即从箱体上除去。装载危险货物的集装箱卸空后，应采取措施保证集装箱没有污染，使集装箱不具有危险性。

第四节　实训项目

一、实训内容

实训内容为集装箱管理

二、实训目的

集装箱相关业务是港口物流的重要内容，通过实地观摩、教学录像、软件模拟、沙盘演示、实物操作相结合的综合实训方式，使学生对所学知识有一个全面系统的理解和掌握，熟悉业务流程，提高动手能力。

三、实训要求

(1) 严格按照现场指挥人员的要求进行参观，注意安全。
(2) 认真完成软件模拟和实物操作等内容。
(3) 独立完成相关总结和报告。
(4) 教师应事先经过培训，熟练相关业务流程和操作。
(5) 学校应提供专门的实验室和实训场地。

四、实训操作

(1) 根据学校条件选择实地参观、教学录像、软件模拟、沙盘演示和实物操作等实训形式，最好将五种形式结合使用。

（2）软件模拟是指通过集装箱业务模拟软件，以实验课的形式使学生了解集装箱业务的全貌以及具体的流程操作。

（3）沙盘演示是指将集装箱码头的作业流程通过沙盘形式进行仿真，并结合教学录像和模拟软件提高实训效果。

（4）实物操作是指学校购买集装箱箱务操作的部分设备，以供学生实际操作，提高动手能力。

（5）学生撰写相关报告和总结。

五、实训资料

学校应事先购买相关教学录像和集装箱业务模拟软件；教师应事先编写各环节的实训指导书。

项目七　港口的口岸管理

第一节　港口费收管理

一、港口费收概述

港口作为交通运输枢纽，拥有设备、设施和人力，能为船舶和货物提供各种服务，并根据有关规定标准向服务对象收取相关费用，即称为港口费收。港口费收的构成主要是费收规则的构成。港口费收规则是港口的重要法规，许多国家的港口费收规则与诉讼法结合起来，从而保护了港口的根本利益。如美国奥克兰港、德国汉堡港等均在港口费收规则中详细明确地规定了相关保护条款。

我国港口费收规则，即《中华人民共和国交通部港口费收规则》（以下简称《港口费收规则》）分为内贸部分和外贸部分，分别简称《内规》和《外规》。《内规》适用于国内水路货物运输的船舶和货物的港口费用计收；《外规》适用于国际运输船舶和国际贸易货物的港口费用计收。交通部制定的《港口费收规则》是我国港口生产经营企业费收业务的主要依据。也就是说，目前我国主要港口的装卸费率仍实行政府指导价或政府定价。但是随着形势的变化，港口费收低等问题已成为阻碍我国港口发展的重要因素。特别是目前港口人力、燃料、原材料等成本上升的形势以及在港口企业体制由政企合一到政企分开转变的情况下，港口企业要增强其在国际上的竞争力，自身必须具有一定的盈利和扩大再生产的能力。目前，我国南方部分港口企业已随着集装箱运输迅猛发展的趋势，开始自行确定费用标准。

港口费收是港口商务活动的重要组成部分。制定合理、规范的港口使用费，既能提高航运业的经营效益，又能增加港口的装卸能力，满足不断增长的吞吐量需求，这对集装箱港口而言关系尤其重大。一般来说，国内外集装箱码头及其大型装卸机械的资金投入都十分高昂，且投资回收期长，而集装箱装卸费是集装箱港口的主要营业收入。因此，制定合理的码头费率对能否及时回收高昂的投资、并取得扩大再生产的能力，持续提高集装箱港口通过量和通过率至关重要。

二、港口费收的主要种类

港口费用包含港口费用和港口费率，港口费用是收取港口费用的项目，而港口费率是收取每项港口费用的费用标准或单价。《外规》中规定的港口费目涉及船舶港务费、引航费、移泊费、拖船费、系解缆费、停泊费、开关舱费、货物港务费、装卸费、工时费、集装箱装卸包干费、货物保管费、起货机工力费等。

按港口费用的性质，港口费收可分为港口劳务费和港口规费。港口劳务费是指港口企业向船舶或货物提供劳务和服务而征收的相关费用，包括引航费、移泊费、拖船费、系解缆费、停泊费、开关舱费、货物装卸费、货物保管费/堆存费、货物换装包干费、起货机工力费等，港口规费是政府规定的船舶和货物必交的费用，包括船港务费、货物港务费、航道养护费、港口建设费等。

按收费对象分，港口费收可分为船舶费用和货物费用两类。

三、货物港口费收计算

货主在接受进口货物或发送出口货物时，应按规定交纳货物港口费用。通常情况下货物港口费用主要涉及货物港务费和港口建设费、货物装卸费、货物保管费、堆存费及其他港口服务费等。

1. 货物港务费和港口建设费

货物港务费主要用于港口水域的维护保养，保持相关水道的经常畅通。货物港务费是货主因装卸货物使用港口水域而必须交纳的规费，由港口生产经营企业代国家征收，经由港口吞吐的货物，根据交通部制定的《港口费收规则》中的货物港务费率表，确定货物计费单位和费率。

货物港务费＝货物重量×港务费率

港口建设费主要用于港口的新建和扩建，由港口生产经营企业代国家征收，针对进出口开放的口岸港口辖区范围的所有码头、浮筒、锚地及从事水域过驳等装卸作业的进出口货物。

2. 货物装卸费

货物装卸费是指进出港口的货物由港口工人和机械设备进行装卸作业所发生的费用。目前我国主要港口的货物装卸费率分为两类：一类用于国际贸易进出口货物，另一类用于内贸货物，沿海内贸的港口装卸是以国内价格因素为基础的，是考虑了各方面的物价水平形成的价格标准，主要以保本为原则。但随着各种价格因素的不断变化，沿海内贸已趋于亏本经营，外贸装卸船作业是一种国际性劳务活动，其费收标准参照国际上的标准，所以一般情况下装卸作业外贸货物的费用要高于沿海内贸的费用。但即便如此，我国的外贸港口费率标准还是远远低于国际上一般国家的港口费率标准。

港口装卸费率计费单位有重量吨（W)、体积吨（M）和择大计费（W/M)。现外贸进出口货物装卸一般以重量吨作为过费吨（理货计费除外)，在沿海运输及陆地作业的货物，实行了“择大计收”的计费方法。“择大计收”是在货物的重量吨和体积吨之间，择大作为计算标准的一种计费方法。

按现行规定，装卸船费根据作业船舶不同，分别按《港口费收规则》的“内贸部分”和“外贸部分”分别计收，计算货物装卸作业费，先可根据货物名称、包装种类、作业过程查询《外贸进出口货物装卸费率表》或《内贸货物费率表》以及部分港口企业自行确定的装卸率表，将货物所要经过的作业过程的费率相加，确定货物的总装卸费率和计费单位，即

货物装卸费＝货物重量×总装卸费率

3. 货物报关费/堆存费

货物保管费是指货物在港口内存放、除规定的免费保管期外应收取的保管费用。由于港口库场是周转性库场，只有加速库场周转和畅通，才能为更多的进出口货物堆存服务。因此有必要对超过免费保管期仍未被提取的货物收取货物保管费，以促使收货人尽早提货，避免造成港口的经济损失。

根据货物种类、入库时间，确定货物保管费收费时间，并按照港口关于货物保管/堆存费的规定，确定货物保管/堆存费率，即

货物保管/堆存费＝货物重量×货物保管/堆存费率

4. 其他港口服务费

随着港口服务内容的不断丰富，港口向货物收取的相应服务费用也越来越多，如集装箱装拆费、检验费、维修保养费等。

四、 船舶港口费收计算

船舶进出港口时，港口向船方征收与船舶有关的费用，称为船舶港口费收。

为了及时结算船舶港口费用，船方应及时向港口计费部门提供下列资料：船舶性质（指船舶属于外轮、租船、国轮或中外合营船舶）、吨位、舱单、货物积（装）载图等。各种所提供的资料应准确无误，避免发生错收、漏收现象；并在规定时间内及时以书面形式提供给港口费收核算部门，以提高港口费收的结算速度，减少船舶在港时间。

船舶港口费用包括船舶港务费、引航费、检验费、拖轮费、停泊费、系解缆费、开关舱费等。

《港口费收规则》中，对计量单位和计费单位进行了如下规定：“船舶以净吨（无净吨按总吨，无总吨按载重吨）为计量单位的，不满一吨按一吨计；以马力为计量单位的，不满一马力按一马力计。船舶无净吨、总吨和载重吨，则按 500 吨计收港口费用。以日为计费单位的按日历日计，不满一日按一日计；以小时为计费单位时，不满一小时按一小时计。”

1. 船舶港务费

港务费是港口用以维修、保养港口建筑物和疏浚航道，以利于船舶和货物安全进出港和使用便利而向船舶所征收的费用，船舶按净吨（拖轮按马力）以次数计收，进港和出港分别计算，外贸船舶的港务费费收标准是 0.71 元/吨，沿海船舶港务费标准为每净吨 0.25 元。按现行有关规章规定，凡遇难和避难船舶，非营运的军事、公安、边关、检疫、捕鱼及港内工作船，运载旅客或货物的船舶均免征船舶港务费。

2. 停泊费

向停泊在港口码头、浮筒的船舶所征收的费用称为停泊费。停泊分为生产性停泊和非生产性停泊。生产性停泊是指港口码头、浮筒进行装卸作业时的停泊。非生产性停泊有以下几种情况：装卸完毕（指办妥交接）4 小时后，因船方原因继续留泊的船舶；非港方原因造成的等修、检修的船舶（等装、等卸和装卸货物过程中的等修检修除外）；因避难来港的船舶；进港加油加水，加完后继续留泊的船舶；国际旅游船舶。

3. 引航费与移泊费

引航费是指由引航员引领船舶进港或出港，根据《港口费收规则》规定，按船舶净吨（拖轮按马力）以次计收的费用。移泊费是指引航员引领船舶在港内移泊，按船舶净吨（拖轮按马力）以次计收的费用。引航费的起码计费吨为 500 净吨（马力）。移泊费的起码计费吨为 500 净吨（马力）。

因船舶责任不能按原定时间起引时，应计收引航员滞留费。滞留时间在 1 小时以内的免收，超过 1 小时的连同开始的 1 小时在内，按每人每小时计收滞留费。

4. 系、解缆费

船舶在港口码头、浮筒靠离或移泊时，由港口工人进行船舶系、解缆绳，根据规定，按每系缆一次或解缆一次计收一次系、解缆费。船舶在港口码头、浮筒停泊期间，每加系一次缆绳计收一次系缆费。

5. 开、关舱费

根据规定，由港口工人开、关船舶舱口，不分船舶大小、层次和开、关次数，分别按卸货计收开、关舱费一次，装货计收开、关舱费一次。另外，港口工人单独拆、装、移动舱口大梁，视同开、关舱作业，计收开、关舱费。大型舱口（又称A、B舱）中间有横梁的（包括固定横梁和活动横梁）按两个舱口计收开、关舱费。设在大舱外的小舱口，四个按一个大舱口计算（四折一），不足四个按一个大舱口计算。

6. 拖轮费

船舶进出港口时因引航或移泊使用港方拖轮，按拖轮出租费率、拖轮的功率和使用时间计收拖轮费。

第二节　港口口岸管理

口岸是人员、货物和交通工具合法出入国境的港口、机场、车站等跨境通道，具有基础设施和查验、监督机构，是联结国际经济和国内经济必不可少的通道及窗口。

口岸管理是政府监督管理中的一项重要职能。通过口岸管理，保证国家安全，提高货物运转速度，实现经济效益最大化。

口岸是港口物流的重要节点。口岸管理制度直接影响港口物流的功能实现。

一、我国口岸管理制度

目前，我国口岸管理实行政府和地方专项管理和各边境口岸职能机构执法行政的制度，使港口管理在整体上形成了一个多层次、多环节、多目标、多功能的综合管理系统。口岸管理系统由以下四个系统组成。

1. 交通运输分系统

包括港口、机场、车站以及与之相联系的铁路、公路、航空、航运、管道运输等各种运输方式，主要任务是完成进出口物资、旅客的装卸、疏导及位移工作。

2. 外贸分系统

主要任务是完成外贸成交、货源组织等工作，为口岸提供货运基础。

3. 监督分系统

包括检查、检验、检疫三个子系统，代表国家对进出境的人员、行李、货物及运输工具履行管理、监督检查职能，维护国家的权益和国际信誉。

4. 服务分系统

包括为船舶等交通工具及其驾乘人员服务的供应、船舶代理、船舶引水、海员俱乐部，为进出口货物服务的货运代理、仓储、理货，口岸服务分系统不仅以各自不同的方式，为口岸各项工作及进出口岸的交通工具、旅客、货物提供服务，而且也一定程度地维护着国家的权益和国际信誉，还肩负有宣传责任。

国家口岸管理办公室负责研究提出各类对外开放口岸的整体规划及口岸规范的具体措施，指导和协调地方政府口岸工作。各级地方政府设立的口岸管理委员会或口岸办公室，负责本地口岸的管理和协调工作。各地口岸检验检疫机构和海关作为口岸查验和监管机构，负责对出入境的货物、交通运输工具、人员进行查验和监管。

口岸作为国家的重要基础设施以及对外开放的门户和窗口，其管理水平和运作效率的高低，是影响开放型经济发展的一个重要因素。口岸的软硬环境、工作效率是影响港口物流加快发展的一个重要因素。多年的实践证明，口岸环境越好，港口物流发展就越快；反之，将滞缓港口物流的进一步发展。近年来，中国经济快速发展，尤其是港口经济的发展更是名列前茅，这与我国不断完善口岸管理体制有着密切关系。全国大部分口岸特别是重点口岸的通关程序已经获得了相当的改善，所需的各种单证大幅减少，通关效率不断提高。港口口岸也随之迅猛发展起来。以宁波—舟山港为例，港口建设和港口经济以超常规的速度实现了跨越式发展，港口吞吐量从 2000 年首次突破亿吨增加到 2018 年超 10 亿吨，集装箱达到 2600 万 TEU。这其中一个重要因素就是，宁波—舟山港已形成通过陆路、水路、铁路、空运、海铁联运等方式进行转关的便捷跨关区通关网络，极大地提高了口岸的通关效率和口岸竞争力。

从 1990 年的第一个保税区到 2007 年国家批准设立的保税港区，是我国口岸特定监管区域功能的不断深化和监管手段的不断创新的过程。特别是保税港区的设立，标志着我国口岸管理制度改革又上了一个新的台阶。保税港区是开放层次最高、功能最齐全的海关特殊监管区域，可叠加享受我国保税区、出口加工区、保税物流园区等各项优惠政策，是真正的“境内关外”。目前，已获得国务院批准设立的保税港区有洋山保税港区、天津东疆保税港区、大连大窑湾保税港区、海南洋浦保税港区、宁波梅山保税港区和广西钦州保税港区。

可以说，改革开放以来，我国在口岸管理体制的改革上已取得了很大成就。但不容忽视的是，与发达国家和地区的口岸管理相比，我国口岸管理总体水平仍然较低，口岸物流管理费用较高，物流组织环节较多，口岸管理和运行效率与现代物流发展的要求还有很大差距。

因此，还必须进一步深化我国口岸管理制度的改革，提高口岸工作效率，以适应国际贸易和货物运输发展的需要。具体措施有：改善口岸物流发展环境，进一步完善口岸物流相关的法律、法规；积极研究信息化在口岸管理中的运用，实现口岸物流信息资源共享；加快实现大通关主要业务流程在电子口岸的全程贯通，扎实推进电子口岸建设；在提高口岸管理职能的同时，强化职能部门的服务意识，尽量简化手续，提高效率，以吸引周边国家和地区的中转货源。另外，还要加强港口口岸的良性发展，除了要具备国际化的航运市场、强大的腹地经济、整合的集装箱物流、先进的港口设施和深水航道以及完备的后方集疏运系统外，还需有完善的服务管理系统，具备能够提供一流服务的海关和检验检疫等口岸查验机构。

二、口岸检验检疫

口岸检验检疫，是指检验检疫部门和检验检疫机构依照法律、行政法规和国际惯例等的要求，对出入境的货物、交通运输工具、人员等进行检验检疫、认证及签发官方检验检疫证明等监督管理工作。按照规定，列入《出入境检验检疫机构实施检验检疫的进出境商品目录》的出入境货物，必须由国家指定的检验检疫机构根据确定的检验检疫实施方案进行检验检疫，最后出具检验检疫结果，并根据实际检验检疫项目计算收取费用。

口岸检查检验由国家派驻口岸，代表国家依法对口岸进行管理的海关、边防检查、海事、出入境检验检疫四个行政管理执法机构执行。

1. 海关

海关是国家的进出关境监督管理机关。海关代表国家对进出境活动实施监督管理。主管机关是国家海关总署，其宗旨是：依据《中华人民共和国海关法》《中华人民共和国进出口关税条例》等法规、条例的规定，依法对进出境活动实施监督管理，维护国家的主权和利益，促进对外经济贸易和科技文化交往，保障社会主义现代化建设。

2. 边防检查

边防检查是国家通过设在对外开放口岸的边防检查机构，依法对入出境人员、交通运输工具及其携带、运载的行李物品，货物等实施检查、监督的行政管理活动，主管机关是公安部边防局，其宗旨是：依据《中华人民共和国公民出入境管理法》《中华人民共和国外国人入出境管理法》《中华人民共和国出境入境边防检查条例》等法规、条例的规定，实施边防检查、监护和管理，维护国家主权，保卫国家安全，同时，方便合法往来也是国家对外开放政策对边防检查工作的一项要求。

3. 海事

海事是国家海事机构依法监督水上交通安全和防止船舶污染水域的行政管理机构。主管机关是国家海事局，其宗旨是：依据《中华人民共和国海上交通安全法》《中华人民共和国内河交通安全条例》《中华人民共和国海洋环境保护法》等法规、条例的规定，实施海事管理和服务，维护国家主权，保障水上交通安全，促进水上运输事业的发展，保护水域环境，防止水域污染。

4. 出入境检验检疫

国家质量技术监督出入境检验检疫局是主管出入境卫生检疫，动植物检疫，商品检验、鉴定、认证和监督管理的行政执法机构。其宗旨是：依据《中华人民共和国国境卫生检疫法》《中华人民共和国进出境动植物检疫法》《中华人民共和国进出口商品检验法》等法规的规定，对出入境人员和交通工具实施传染病检疫、检测和卫生监督，对进入我国国境和过境的动植物、动植物产品及其运载工具等实施检疫，对进出口货物进行检查并发给检验证书等。

口岸检验检疫是口岸管理的重要组成部分，其目的是保护国家经济的顺利发展，保护人民的生命和生活环境的安全与健康。检验检疫包括动植物检疫、卫生检疫、货物及运输工具的检验检疫和适载鉴定等。国家出入境检验检疫局与海关总署从2000年1月1日起实施新的检验检疫货物通关制度，通关模式为“先报验、后报关”。同时，进行“三检合一”(三检指直检、动植检、卫检)，全面推行“一次报检，一次取样，一次检验检疫，一次卫生除害处理，一次收费，一次发证放行”的工作规程和“一口对外”的国际通用的新检验检疫模式。

为进一步提高进出口货物通关效率，促进对外贸易持续、协调、健康发展，2008年7月18日，国家质检总局发布了

《关于实施进出口货物检验检疫直通放行制度的公告》，宣布自公告之日起，进出口企业可向所在地出入境检验检疫机构提出直通放行申请。

检验检疫直通放行制度，是指检验检疫机构对符合规定条件的进出口货物实施便捷高效的检验检疫放行方式，包括进口直通放行和出口直通放行。其中，进口直通放行是指对符合条件的进口货物，口岸检验检疫机构不实施检验检疫，货物直运至目的地，由目的地检验检疫机构实施检验检疫的放行方式。出口直通放行是指对符合条件的出口货物，经产地检验检疫机构检验检疫合格后，企业可凭产地检验检疫机构签发的通关单在报关地海关直接办理通关手续的放行方式。

形象地说，“直通放行”就是把过去口岸、内地两道关口变为一道关口，真正实现一次报检、一次检验检疫、一次放行，通检效率大大提高。另外，由于货物在口岸不再实施卸货查验，一方面，减少了相应压港、掏柜等费用的支出，较大幅度降低了口岸通关成本；另一方面，货物滞港时间也相应减少，通关效率得以大幅提高，出境货物装运船期以及入境货物到货时间变得更加可控。

三、 海关货运监管制度

海关货运监管是海关对进出国境货物和运输工具的监督管理，是海关的主要任务之一。根据我国《海关法》规定，进出境货物必须通过设有海关的地点进入或离开国境并接受海关的监管，收、发货人凭海关盖有放行章的单据方可办理提货或托运手续。

海关货运监管具体流程可分为接受申报、查验、征税、放行，是我国海关通关的基本制度。

1. 申报

是指货物、运输工具和物品的所有人或其代理人在货物、运输工具、物品进出境时，向海关呈交规定单证的手续。

2. 查验

是指海关在接受申报后，以已经审核的法定单据为依据，在海关监管场所，对进口的或出口的货物进行实际的核对和查验，确定货物的进出口是否合法，以及货物的品名、数量、规格等是否与报关单证所列一致。进出口货物，除海关批准免验的以外，都应接受海关的查验，查验进出口货物，应当在海关规定的时间和场所进行，如果要求海关在海关监管场所以外的地方查验，应当事先报请海关同意，海关按规定收取规费。海关查验货物时，进出口货物的收货人或其代理人应当到场，并按海关的要求负责搬移货物、开拆和重封货物的包装等；海关认为必要时，可以进行开验、复验或提取货样。

3. 征税

是指根据查验的结果，由海关税费征收环节关员对报关单，随附单证及货物查验结果审核无误后，打印、签发各类税费专用缴款书，进出口货物收、发货人持海关签发的税费专用缴款书到银行缴纳税费，并将银行的缴款回执交还海关。

4. 放行

是指海关对货物、运输工具、物品进行查验后，在有关单据上签印放行，或者开具放行通知单，以示海关监督结束。

我国海关采取前期管理、现场监管、后续管理相结合的货运监管制度。海关主要通过“申报审核、查验检查、结关放行”和“监装、监卸”制度来实现货运监管。对一般进出口货物，海关依据我国对外经济贸易部及其授权的机关发给的进出口货物许可证进行监管。对加工装配、中小型补偿贸易等贸易方式的进出口货物，海关依据有关主管部门发给的批准文件，即许可证件进行监管。所有的进口货物在未办妥海关手续之前、出口货物在运入海关监管区域之后以及它们在卸装过程中都必须在海关的监管之下。只有经海关办结海关放行手续后，进出口货物方可解除海关监管，办理提货、运输手续；出境运输工具才准予驶往境外。

海关监管职能的实施，要求进出口货物以及运载工具必须办理海关通关手续，从海关规定的地点进出境。这对于国际运输服务来说，意味着运输服务的中止和服务提供者的更换。作为国际运输服务重要组成部分的港口服务，同样也直接受到海关监管制度的影响。我国保税港区等特殊海关监管区域的设立，其实质就是海关在关境内划出特定区域，在该区域内实行特殊的监管制度，提供方便的进出境手续或低税率，以吸引国际服务提供者聚集于港口，经营存储、包装、加工、交易等活动。其结果不仅大大降低了国际服务贸易的成本，促进了国际服务贸易的发展，也对港口市场的完善起到很大的推动作用。

现代港口物流正在发生重大变革。通过供应链内部整合，实现港口物流的低成本无阻碍运作，成为现代港口企业保持竞争优势的重要手段之一。海关作为国家进出境监督管理机关，是整个国际物流服务过程中的关键环节。海关对外贸货物监管是否合理，通关效率是否高，对港口物流的发展影响非常大。但海关在努力实现国际物流的无障碍通关的同时，要加强物流的监控力度，以维护正常的进出口贸易秩序，有效实现口岸管理的目标。

第三节　货运事故及其处理

一、货运事故的概念

货物在运输和作业过程中发生溢余、灭生、短少、变质、污染、损坏即为货运事故。在实际工作中货运事故一般表现为货损及货差两方面。货损、是指由于火灾、爆炸、落水、海损等原因而造成货物残损，以及在装卸、运输、保管过程中由于操作不当、保管不善而引起货物破损、变形、受潮、变质、污染等货物损失；货差，是指由于货物在装卸、运输、交接、保管中发生错装错卸、漏卸、错交、错转，以及在办理商务手续时失误如单货不符、记数不准、交接不清等原因所造成的件数不符、重量短少。

发生货运事故一般会涉及承运人、托运人、收货人、港口经营人和作业委托人的责任。《海商法》和《合同法》对于货物交付时的当事人的权利和义务都做了相应的规定。如果货运事故发生在港口作业时，承运人或港口经营人应当负赔偿责任。

为防止货运事故的发生，承运人或港口经营人必须采取积极的货运事故防御措施，加强货运质量的管理，为客户提供安全、高质量的服务，提高在货运市场上的竞争力。货运质量是检验港口企业、运输企业服务质量的标志。货运质量与其他物质生产部门的质量不同，其根本标志是维护货物的原有使用价值，而不是创造新的使用价值。因此，在整个港口服务过程中，必须要求货物迅速及时且完好无损地通过港口，保证货运质量，以提高港口的市场竞争能力。

二、 货运事故的处理程序

货运事故处理工作是港口物流管理的重要组成部分，影响着港口的信誉和质量。货运事故处理工作是一项复杂、烦琐且政策性较强的工作。从事货运事故的处理，不仅需要具有较强的业务能力、丰富的实践经验、较强的应变能力，还必须有为货主全心全意服务的意识。发生事故不是好事，但通过事故的良好处理可以赢得货主的信任，而且通过对事故的分析和总结，能够不断改进工作并树立良好形象。也就是说，货运事故的处理不仅是有过失时的一项补救措施，更重要的是搞好港口市场营销的一个过程。如果能以“短、平、快”的态度积极主动地处理货运事故，而非“推、拖、赖”的做法，就能以优质服务赢得货主的信赖，扩大港口的市场占有份额。

发生或发现货运事故时，应按照《水路货物运输规则》和《港口货物作业规则》的规定，编制货运记录，进行事故原因的调查研究，最后根据事实和调查结果，按规定处理货运事故。

货运事故处理的主要程序有索赔、理赔和赔偿。

1. 货运事故索赔

未投保货运事故，由索赔人（托运人或作业委托人）向承运人或港口提出；已经投保货运事故，按《水路货物实行保险与负责运输相结合的补偿制度的规定》向保险公司索赔，再由保险公司向承运人或港口经营人追查。

2. 货运事故理赔

承运人或港口经营人接到索赔人提出的货运事故索赔书后，予以受理。经认真审核索赔单证后提出书面意见通知索赔人。索赔人收到书面处理意见后可向承运人或港口经营人提出异议。

3. 货运事故赔偿

承运人或港口经营人对由其责任造成的货物损失进行赔偿。赔偿价格的计算，按《货物运输事故赔偿价格计算规定》办理。

在索赔和理赔操作过程中，应该充分运用好操作流程，以将事故损失降到最低。一旦发生货运事故，即刻通知事故受损方、保险公司等有关部门，到现场确定货损事实。如果在该事故中，港口被确定为事故的责任方，那就应按事故责任的比例进行赔偿；如果事故类别属于港口责任保险范畴，港口应编制索赔报告，将赔偿金额的损失向保险公司提出补偿。

三、 货运事故的记录

货运事故的记录是分析和处理事故的依据。货运事故发生时，应按照情况及时编制货运记录。

如果货运事故涉及承运人、托运人、收货人、港口经营人和作业委托人之间责任的，应根据货运事故发生的不同阶段，由不同当事人编制货运记录。在货物进港时发现或发生货运事故，由起运港港口经营人会同作业委托人编制；在装船前和装船时发现或发生的，由承运人会同起运港港口经营人或托运人编制；在卸船时发现或发生的，由承运人会同港口经营人或收货人编制；在货物交付时发现或发生的，由到达港港口经营人会同收货人编制。

另外，承运人、港口经营人可会同托运人或作业委托人编制普通记录，即承运人向托运人或收货人提供证明事实的记录，但并不涉及承运人、托运人之间的责任。普通记录的编制一般在出现以下情况之一时：

① 托运人按舱封或装载现状与承运人进行交接以及其他封舱运输的货物，发生非承运人责任的灭失、短少、变质、污染、损坏和内容不符；

② 托运人随附在货物运单上的单证丢失；

③ 托运人派员押运和甲板货物发生非承运人责任造成的损失；

④ 承运人提供的船舶水尺计量数；

⑤ 货物包装经过加固整理；

⑥ 收货人、作业委托人要求证明与货物数量、质量无关的其他情况。

第四节　案例分析

港口费收改革：一直在路上

2017 年 11 月 15 日，国家发改委就国内港口的反垄断调查结果以及整改措施进行了通报。国家发改委此番对于港口的反垄断调查主要涉及港口企业的强制拖轮等服务、不合理交易条件以及过高集装箱码头装卸费三方面。这三方面可以归纳为一点，即港口企业利用优势地位收取不合理费用。大多数港口企业针对发现的问题制定整改方案，切实降低了企业进出口物流成本（预计每年降低费用约 35 亿元）。

实际上，中国港口费收改革一直在路上，国家发改委与交通运输部于 2014 年商定形成了港口费收改革思路和分步推进的工作步骤。港口价格形成机制分四步予以完善：一是共同制定港口价格调整改革方案；二是发布港口收费价格改革调整政策文件；三是制定《港口收费计费办法》；四是制定《港口收费监督管理办法》。

自 2015 年 7 月至 2017 年 7 月的两年时间里，在国家发改委与交通运输部的努力下，《港口收费计费办法》完成了制定以及修订。新版《港口收费计费办法》于 2017 年 9 月 15 日起实施，从而促进了中国港口收费体系的市场化、规范化，标志着中国港口收费市场化管理体系的进一步形成。

可以说，港口费收改革是一项复杂的工程，涉及层面过多，有历史问题也有现实难题，绝非一蹴而就。给客户选择权，不用价格手段迷惑客户，而是用难以割舍的服务把客户留下来，这才是港口企业长久发展的秘诀。

港口：转型成为全程物流商

作为地区的重要资源，港口在地区的发展中发挥了重要作用。上海海事大学教授真虹认为，港口行业属性具备双重性。当前，中国港口业发展主要矛盾不是垄断，而是港口无序发展。对于港口行业的发展，政府监管很重要，企业自律也同样重要。对于港口企业而言，在面临转型升级的压力之下，要从码头经营者向全程物流商进行转变，将港口服务延伸成为全程物流服务。

政企携手加快港口费收改革

随着经济全球化和远洋运输的迅速发展，中国港口企业面临着内外两个市场的竞争，由此导致了运输市场发展与港口能力扩张之间的矛盾，在港口费收上则形成了矛盾的焦点。

目前，中国港口费收问题主要集中于以下几点：体制关系和合理收费问题；体制关系和产权关系问题；部门职责界限划分问题；对城市经济发展影响问题；管理人员视角问题；等等。

对行业主管部门——

港口费收涉及的机构相当多，行业主管部门可以从三个方面的结构来进行考虑，即码头费收与口岸费收、行政性费收与经营性费收、码头费收与海洋运输费收的结构关系。行业主管机构在进行港口费收改革时，需要采取一定的措施调整三大结构关系。

港口要形成费收制定的管理体系，要廓清政策性费收和规制性费收，不能频繁调整收费项目，这样对港口会带来不利影响。而费收水平可以根据社会经济发展和市场经济变化情况进行调整。

要落实调整经营性费收结构和政策性费收结构的比例。由于不同投资性质港口资产背景差异大，经营目标和方针不同，利润目标也不同，最终影响码头费收的衡定。

应该考虑码头费收不能与海洋运输的波动挂钩，应该按地区经济发展情况考虑，处理好资产与竞争的关系、竞争与规制的关系，从有利于企业发展和政府对规制与竞争的发展趋势做出合理的改革。

对于港口行业的发展，政府主管部门最终希望能够实现充分竞争的市场环境，但是这一过程中的相当长一段时间内费收的规制仍然不可缺少。要实行这些规制需要有机构的设置，要有独立性、法规化、集中与分散相结合等方面的考虑。

对于港口企业——

港口体制改革后政企分离，不同区域的港口和不同港口的管理者对港口经营的利益目标的考虑因素不同，从而导致港口费收水平认定不同，最终影响港口费收的衡定。

此外，港口已下放地方，而港口费收规则仍由交通运输部统一制定，在信息不对称的情况下，港口费收很难做到价格合理。

从港口的定价原则及策略来看，由于港口建设的基本技术经济标准具有统一性，有大量的沉淀成本，服务需求弹性较小，并且具有共有性，因此，港口经营可能走向部分垄断、寡头垄断和对垒的结构；定价原则有普遍性服务、鼓励投资、提高效率等特性；定价模式有成本定价、差别定价、合理收益定价等模式。这需要港口企业基于自身的经营情况进行判断，并选择合理的定价原则以及符合企业和市场预期的定价模式。

港口在调整和改变费收结构时必须面对十分复杂的过程和情况，过多以及过于频繁的改变会引起港口用户对港口费收感觉上和实际交付时的混乱。而港口费收的费率水平可以根据港口市场的经营条件变化，及时进行调整和修改，港口费用结构的制定不仅要适合当前的定价目标和市场预期，还要考虑今后港口的发展目标和趋势。

项目八　保税仓库与保税区

第一节　保税仓库

一、保税仓库的定义及分类

1. 保税仓库的定义

保税仓库，是指由海关批准设立的供进口货物储存而不受关税法和进口管制条例管理的仓库。储存于保税仓库内的进口货物经批准可在仓库内进行改装、分级、抽样、混合和再加工等，这些货物如再出口则免缴关税，如进入国内市场则须缴关税。各国对保税仓库货物的堆存期限均有明确规定。设立保税仓库除为贸易商提供便利外，还可促进转口贸易。

2. 保税仓库的分类

保税仓库按照使用对象不同分为公用型保税仓库、自用型保税仓库和专用型保税仓库。

（1）公用型保税仓库：由主营仓储业务的中国境内独立企业法人经营，专门向社会提供保税仓储服务。

（2）自用型保税仓库：由特定的中国境内独立企业法人经营，仅存储供本企业自用的保税货物。

（3）专用型保税仓库：保税仓库中专门用来存储具有特定用途或特殊种类商品的仓库。

专用型保税仓库包括液体危险品保税仓库、备料保税仓库、寄售维修保税仓库和其他专用型保税仓库。

（1）液体危险品保税仓库，是指符合国家关于危险化学品仓储规定的，专门提供石油、成品油或者其他散装液体危险化学品保税仓储服务的保税仓库。

（2）备料保税仓库，是指加工贸易企业存储为加工复出口产品所进口的原材料、设备及其零部件的保税仓库，所存保税货物仅限于供应本企业。

（3）寄售维修保税仓库，是指专门存储为维修外国产品所进口寄售零配件的保税仓库。

二、保税仓库的特点

保税仓库与一般仓库最不同的特点是，保税仓库及所有的货物受海关的监督管理，非经海关批准，货物不得入库和出库。保税仓库的经营者既要向货主负责，又要向海关负责。海关监管有哪些要求呢？根据我国现行海关法令规定：

1. 保税仓库对所存放的货物，应有专人负责，要求于每月的前五天内将上月所存货物的收、付、存等情况列表报送当地海关核查。

2. 不得对保税仓库中所存货物进行加工，如需改变包装、加刷唛码，必须在海关监管下进行。

3. 海关认为必要时，可以会同保税仓库的经理人，双方共同加锁，即实行联锁制度。海关可以随时派员进入仓库检查货物的储存情况和有关账册，必要时要派员驻库监管。

4. 保税货物在保税仓库所在地海关入境时，货主或其代理人（如货主委托保税仓库办理的即由保税仓库经理人）填写进口货物报关单一式三份，加盖“保税仓库货物”印章，并注明此货物系存入保税仓库，向海关申报，经海关查验放行后，一份由海关留存，二份随货带交保税仓库。保税仓库经理人应于货物入库后即在上述报关单上签收，其中一份留存保税仓库，作为入库的主要凭证，一份交回海关存查。

5. 货主在保税仓库所在地以外的其他口岸进口货物，应按海关对转口运输货物的规定办理转口手续。货物运抵后再按上述规定办理入库手续。

6. 保税货物复运出口时，货主或其代理人要填写出口货物报关单一式三份并交验进口时由海关签印的报关单，向当地海关办理复运出口手续，经海关核查与实货相符后签印，一份留存，一份发还，一份随货带交出境地海关凭以放行货物出境。

7. 存放在保税仓库的保税货物要转为国内市场销售，货主或其代理人必须事先向海关申报，递交进口货物许可证件，进口货物报关单和海关需要的其他单证，并交纳关税和产品（增值）税或工商统一税后，由海关核准并签印放行。保税仓库凭海关核准单证发货，并将原进口货物报关单注销。

8. 对用于中、外国际航行船舶的保税油料和零配件以及用于保税期限内免税维修有关外国产品的保税零配件，海关免征关税和产品（增值）税或工商统一税。

9. 对从事来料加工、进料加工备料保税仓库提取的货物，货主应事先将批准文件、合同等有关单证向海关办理备案登记手续，并填写来料加工、进料加工专用报关单和《保税仓库领料核准单》一式三份，一份由批准海关备存，一份由领料人留存，一份由海关签盖放行章后交货主。仓库经理人凭海关签印的领料核准单交付有关货物并凭以向海关办理核销手续。

10. 海关对提取用于来料加工、进料加工的进口货物，按来料加工、进料加工的规定进行管理并按实际加工出口情况确定免税或补税。

11. 保税仓库所存货物储存期限为一年。如因特殊情况可向海关申请延期，但延长期最长不得超过一年。保税货物储存期满，既不复运出口又未转为进口的，由海关将货物变卖，所得价款按照《中华人民共和国海关法》第 21 条的规定处理，即所得价款在扣除运输、装卸、储存等费用和税款后，尚有余款的，自货物变卖之日起一年内，经收货人申请，予以发还，逾期无人申请的，上缴国库。

12. 保税仓库所存货物在储存期间发生短少，除因不可抗力的原因外，其短少部分应当由保税仓库经理人负交纳税款的责任，并由海关按有关规定处理。保税仓库经理人如有违反海关上述规定的，要按《中华人民共和国海关法》的有关规定处理。

鉴于保税仓库的特殊性质，海关代表国家监督管理保税仓库及所存的保税货物，执行行政管理职能；保税仓库的经营者具体经营管理保税货物的服务工作，可以说是海关和经营者共同管理保税仓库。经营者要依靠海关办好保税仓库，因此必须充分协作配合，保税仓库经营者要严格执行海关的法令规定，海关需要的报表应及时报送，海关要检查的账册须完整无误，发生问题应及时向海关报告，请求处理，以利海关监管。在这个前提下，海关力求简化手续，提供方便，同时把保税仓库办好，以充分发挥保税仓库的优越性，为发展对外经济贸易服务。

三、 保税仓库入/出库审批

1. 业务流程

(1) 企业先进行入/出库报关单预录入；

(2) 企业填写《保税仓库入/出库审批表》，并随附《保税仓库入/出库核准单》等有关单证向主管海关申请办理入/出库核准手续；

(3) 主管海关接到企业申请后，对企业递交有关单证的齐全性、真实性、有效性进行审核；

(4) 主管海关审核批准后，在《保税仓库入/出库核准单》中签注海关意见，并核发给企业；

(5) 企业凭海关核发的《保税仓库入/出库核准单》办理进出口通关手续；

(6) 企业办结通关手续，海关查验人员对保税货物进行查验后，保税仓库货物实际入/出库。

2. 需要提交的单证

(1)《入/出库审批表》一份；

(2)《保税仓库入/出库核准单》;

(3) 填写齐全、正确的手填《进口报关单》一张(退运、转口贸易货物出库时填写出口报关单);

(4) 打印的《进口报关单》一式五份(退运、转口贸易货物出库时填写出口报关单);

(5) 入/出库申请书;

(6) 入/出库货物的合同、发票、提单、装箱单;

(7) 货主与保税仓库签订的《仓储协议书》一份(针对公用型保税仓库入库时提供);

(8)《加工贸易登记手册》或减免税证明(出库时提供);

(9) 变更货主的协议(出库时提供);

(10) 入库报关单(入库时提供)。

3. 业务受理时间

自接受完整单证起三日内办结。

第二节 保税区

一、保税区的定义和功能

1. 保税区的定义

保税区(Bonded Area; the low-tax; tariff-free zone; tax-protected zone),也称保税仓库区,级别低于综合保税区,是一国海关设置的或经海关批准注册、受海关监督和管理的可以较长时间存储商品的区域。在我国,保税区是经国务院批准设立的、海关实施特殊监管的经济区域。

2. 保税区的功能

保税区的功能定位为“保税仓储、出口加工、转口贸易”三大功能。保税区具有进出口加工、国际贸易、保税仓储商品展示等功能,享有“免证、免税、保税”政策,实行“境内关外”运作方式,是对外开放程度最高、运作机制最便捷、政策最优惠的经济区域之一。

保税区能便利转口贸易，增加有关费用的收入。运入保税区的货物可以进行储存、改装、分类、混合、展览，以及加工制造，但必须处于海关监管范围内。外国商品存入保税区，不必缴纳进口关税，尚可自由进出，只需交纳存储费和少量费用，但如果要进入关境则需交纳关税。各国的保税区都有不同的时间规定，逾期货物未办理有关手续，海关有权对其拍卖，拍卖后扣除有关费用后，余款退回货主。

二、 保税区的相关政策

1. 管理与税收

根据现行有关政策，海关对保税区实行封闭管理，境外货物进入保税区，实行保税管理；境内其他地区货物进入保税区，视同出境；同时，外经贸、外汇管理等部门对保税区也实行较区外相对优惠的政策，同时保税区具有进出口加工、国际贸易、保税仓储商品展示等功能，享有“免证、免税、保税”政策，实行“境内关外”运作方式。

2. 审批与经营

根据工商登记法律、法规，保税区内企业经营范围登记由工商行政管理部门主管。但是对于需要进行前置许可性审批的经营范围的确定，需要申请人先就经营内容进行审批申报，而后进行工商登记。保税区内企业的经营范围如果涉及前置审批项目同样需要现行报请相关部门许可后才能执行。可以明确的是，保税区内企业到海关办理注册、备案本身并不属于行政许可，而且该备案是在营业执照办理完毕后的。

保税区企业经营范围中涉及国内贸易的，如果不涉及许可类贸易项目同样不需要经过任何审批就可以将其列入企业营业执照的经营范围。但实践中很多保税区内的工商部门对于此类业务并不予以营业执照确认。其理由仍然是保税区管理的特殊性，非保税区业务会不利于海关及相关部门对保税业务的监管。

三、保税区的运作方式

基于海关和外汇的特殊管理机制，保税区形成了围绕四大基本功能的特殊的基本运作形式。

1. 保税仓储等保税物流运作形式

保税区内实行“境内关外”的政策，形成了相当宽松优惠的保税政策，即货物从海外进入保税区不视同进口，只有从保税区再进入国内其他区域时才视同进口，货物从国内到保税区视同出口，这样就形成了以保税仓储为核心内容的保税物流运作形式。

2. 出口加工等加工运作形式

保税区的加工贸易企业不实行银行保证金台账制度、不实行外汇核销制度，非常有利于企业开展出口加工工作。

保税区内加工贸易企业使用的进口设备全部免税，不受项目内容和投资总额的限制。

3. 国际贸易等贸易运作形式

中国国内目前还不允许外商独资成立单纯贸易性企业，但在保税区可以成立，并可以取得一般纳税人的权利，拥有人民币账户，可开增值税发票，实际上已经拥有在国内从事纯贸易活动的权利，这是保税区的国内贸易功能，

目前国内的贸易性公司无法从事转口贸易；但保税区内的企业有外币的现汇账号，可以从事外币结算货物的贸易活动，保税区实际上是拥有了国际转口贸易的功能。

4. 商品保税展示等展示运作形式

国际商品的保税展示是一项重要的保税区功能运作形式。从国外运往中国的货物可以在保税区内进行商品展示，外商们可以设立相应的展览馆，安装、模拟、使用国际的各种产品。这样非常有利于国际产品销售到中国，一方面大大降低了展览成本，简化了展览产品的通关手续；另一方面缩短了考察时间，降低了国内企业的采购成本。

四、 我国保税区的发展

1990 年，经国务院批准，我国借鉴国际通行做法，按照自由贸易区模式建立了中国第一个自由经济区——上海外高桥保税区。兴建保税区是我国 20 世纪 90 年代实行全方位开放战略的新产物，其设立的目的是为了改善投资环境和吸引外资。保税区是我国目前开放度最大的地区，对所在地区的区域经济和全国经济的发展都起着重要的作用。建区后的这几年中，保税区在发挥招商引资、出口加工、国际贸易、转口贸易和仓储等功能，带动区域经济发展等方面显示出独特的优势。

20 世纪 80 年代以来，自由经济区发展的一个重要特点是突破传统的自由港、自由贸易区、出口加工区的模式，由原来的单一功能向着多功能综合型方向发展，不仅重视对外贸易，也重视出口加工，并把金融、保险、旅游等第三产业引入自由经济区。我国保税区和世界自由经济区的发展趋势是一致的。在大力发展对外贸易的同时，各保税区纷纷开展出口加工、仓储、金融、保险等业务，努力走出一条有中国特色的工贸结合的综合型自由之路。

五、 港口物流保税形式

按照我国海关相关条例，我国与港口物流有关的保税区域分为保税仓库、出口海关监管仓库、出口加工区、保税区、保税物流园区、保税物流中心、保税港区、综合保税区等多种形式。

1. 保税仓库

保税仓库是保税制度中应用最广泛的一种形式。保税仓库的功能是仓储。税收政策如下：

（1）境外货物入仓库保税；

（2）货物出境免征出口关税；

（3）货物出仓库时视同进口按实际监管方式的有关规定办理；

（4）用于在保修期限内免费维修有关外国产品并符合无代价抵偿货物有关规定的零部件，国际航行船舶和航空器的油料、物流免税；

（5）仓库与其他海关特殊监管区域，保税监管场所之间的货物交易、流转不征收进出口环节和国内流通环节的有关税收。

2. 出口海关监管仓库

出口海关监管仓库是指经海关批准设立的，对已办结海关出口手续的货物进行存储、保税物流配送，提供流通性增值服务的海关专用监管仓库。出口海关监管仓库的功能有仓储、不发生实质性改变的简单加工、保税物流配送、经海关批准的其他国际物流业务。税收政策如下：

（1）货物出境免征出口关税；

（2）经批准享受入仓即予退税政策的仓库，国内货物入仓库退税；其余未经批准享受入仓即予退税政策的仓库，国内货物入仓库不退税，离境可退税；

（3）货物储藏库结转到国内按照实际监管方式的有关规定办理；

（4）货物入仓库应当征收出口关税的，海关按照有关规定征收；

（5）仓库与其他海关特殊监管区域、保税监管场所之间的货物交易、流转，除涉及出口退税的，按照国家有关规定办理外，不征收进出口环节和国内流通环节的有关税收。

3. 出口加工区

出口加工区，狭义上是指国家或地区为利用外资，发展出口导向工业，扩大对外贸易，以实现开拓国际市场、发展外向型经济的目标，转为制造、加工、装配出口商品而开辟的特殊区域，其产品的全部或大部分供出口；广义上还包括自由贸易区、工业自由区、投资促成区和对外开放区等。出口加工区的功能有：出口加工、保税物流、研发业务、检测业务、维修业务。税收政策如下：

（1）境外货物入园区保税；

（2）园区货物出境免征出口关税；

（3）国内货物入园区退税；

（4）园区内加工产品不收增值税；

（5）货物出区内销按成品征税；

（6）货物入区应当征收出口关税的，海关按照有关规定征收；

（7）区内货物可以自由流转；

（8）区内建设及业务开展所需进口机器、设备等，区内进口自用的合理数量的办公用品免税；

（9）园区与其他海关特殊监管区域、保税监管场所之间的货物交易、流转不征收进出口环节和国内流通环节的有关税收。

4. 保税区

根据现行有关政策，海关对保税区实行封闭管理；境外货物进入保税区实行保税管理；境内其他地区货物进入保税区，视同出境；同时，外经贸、外汇管理等部门对保税区也实行较区外相对优惠的政策。保税区的功能有：仓储、加工、进出口贸易包括转口贸易、商品展示、经海关批准的其他业务。税收政策如下：

（1）货物入区保税；

（2）区内货物出境免征出口关税；

（3）国内货物入区不退税，离境可退税；

（4）区内加工产品不收增值税；

（5）全部使用境外料件加工的制成品出区按进口制成品征税；

（6）用含有境外料件加工的制成品出区按所含境外运入料件征税；

（7）货物入区应当征收出口关税的，海关按照有关规定征收；

（8）区内货物可以自由流转；

(9) 区内建设及业务开展所需进口机器、设备等，区内进口自用的合理数量的办公用品免税；

(10) 园区与其他海关特殊监管区域、保税监管场所之间的货物交易、流转不征收进出口环节和国内流通环节的有关税收。

5. 保税物流园区

保税物流园区是指经国务院批准，在保税区规划面积或者毗邻保税区的特定港区内设立的、专门发展现代国际物流业的海关特殊监管区域。保税物流园区的功能有：仓储、流通性简单加工和增值服务、国际采购分销和配送、进出口贸易包括转口贸易、国际中转、检测维修、商品展示、经海关批准的其他业务。税收政策如下：

(1) 境外货物入园区保税；

(2) 园区货物出境免征出口关税，国内货物入园区退税；

(3) 园区内加工产品不收增值税；

(4) 货物出园区时视同进口按实际监管方式的有关规定办理；

(5) 货物入园区应当征收出口关税的，海关按照有关规定征收；

(6) 园区内货物可以自由流转；

(7) 园区内建设及业务开展所需进口机器、设备等，区内进口自用的合理数量的办公用品免税；

(8) 园区与其他海关特殊监管区域、保税监管场所之间的货物交易、流转不征收进出口环节和国内流通环节的有关税收。

6. 保税物流中心

保税物流中心一般是由地方政府负责组织筹建和申报，由海关总署负责验收和批准设立的海关监管区域。保税物流中心分A型和B型。A型主要由一家企业投资建设并为该企业自有物流服务；B型主要由一家或多家投资主体投资建设，并由两家以上大型物流企业入驻运营的公共保税中心。保税物流中心功能有：仓储、流通性简单加工和增值服务、国际采购分销和配送、转口贸易、国际中转、经海关批准的其他业务。税收政策如下：

（1）境外货物入中心保税；

（2）货物出境免征出口关税；

（3）国内货物入中心退税；

（4）货物出中心时视同进口按实际监管方式的有关规定办理；

（5）货物入中心应当征收出口关税的，海关按照有关规定征收；

（6）中心与其他海关特殊监管区域、保税监管场所之间的货物交易、流转不征收进出口环节和国内流通环节的有关税收。

7. 保税港区

保税港区是经国务院批准设立的，在港口作业区和与之相连的特定区域内，具有口岸、加工、物流等功能的特殊经济区，享受保税区、出口加工区、保税物流园区等的政策，兼具保税区、出口加工区、保税物流园区的功能。税收政策如下：

（1）境外货物入港区保税；

（2）港区货物出境免征出口关税；

（3）国内货物入港区退税；

（4）港区内加工产品不收增值税；

（5）货物出港区时视同进口按实际状态办理报关手续；

（6）货物入港区应当征收出口关税的，海关按照有关规定征收；

（7）港区内货物可以自由流转；

（8）港区内建设及业务开展所需进口机器、设备等，港区内进口自用的合理数量的办公用品免税；

（9）港区与其他海关特殊监管区域、保税监管场所之间的货物交易、流转不征收进出口环节和国内流通环节的有关税收。

8. 综合保税区

综合保税区是设立在内陆地区的具有保税港区功能的海关特殊监管区域，实行封闭管理，与保税港区一样，是目前我国开放层次最高、政策最优惠、功能最齐全的海关特殊监管区域，是国家开放金融、贸易、投资、服务、运输等领域的试验区和先行区。其功能和税收政策、外汇政策按照《国务院关于设立洋山保税港区的批复》的有关规定执行。2011 年国家对众多形式的保税区域进行了清理，将保税港区与综合保税区归并为综合保税区，其他归并为保税区，其相应的功能政策则为上述相关形式的综合。

第三节 实训项目

一、实验目的和要求

实验目的：了解我国保税区和保税政策。

实验要求：通过网上调查形式了解我国目前设立的保税区并进行比较分析。

二、实验步骤

以 5 人一组的形式分工完成调查和分析任务。

项目九　现代港口物流信息系统及技术

港口物流信息系统是现代港口物流管理的保障。本章对港口物流信息系统的构成、建设及其应用等进行了阐述，内容包括：港口信息系统概述、建设港口物流信息平台的必要性、港口物流信息平台的体系结构、港口物流信息一站式服务的模式、信息平台的搭建、港口 EDI 及其他信息技术应用等。重点掌握港口物流信息平台的体系结构、港口 EDI 等信息技术的应用。

第一节　港口信息系统概述

一、信息的内涵

信息，也可称之为情报，是经过加工后的各种数据（数字、符号、声、光、图像等）的集合。

信息与物流相比具有以下特点：

（1）在信息传递中，没有实物的空间位移，因此传递成本较低；

（2）信息流动速度远比物流快；

（3）信息的传递和存储载体尺寸非常之小；

（4）信息传媒手段发展迅速，正在形成越来越完整的多媒体信息系统。

信息化是以现代通信、网络、数据库技术为基础，对所研究对象各要素数据汇总，使经济社会的发展核心从物质资源向知识信息转变，极大地提高人类劳动的效率，推动人类社会技术进步。信息化过程中，持续运用国内外先进技术配置经济社会各生产领域，促进国家经济综合实力的提升。信息化的重要条件是通信先进性、数字化，和行为的社会一致性。其中行为的社会一致性指的是社会中的人要依统一的行为法则和社会程序行事。通信先进性指的是人际社会的互动交流要在先进的通信水平上发展。数字化指的是国民经济发展过程中知识的生成、保持、应用、传承，要大量利用世界上领先的数字技术和一流设备。同时通信先进性是在数字技术发展到一定水平才得以实现的，所以社会发展数字化的水平是判定经济发展信息化的最重要条件。

港口物流的信息化管理指的是针对港口物流来往信息，运用计算机技术，进行分解、重组，从而提高港口物流信息管理的水平。

港口物流信息管理把物资供应和信息转换作为两大重点，融入现代化的决策理论，以需求拉动和技术支撑为要点，随时更新最有效的信息资源，预估投资和经营风险，调控企业运营，增加企业的综合竞争优势。数字网络与该项目的管理部门工作程序相协调组成广泛的计算机网络办公，包含领导、组织、用人、计划、控制等五项主要工作。各个环节，包括财务报表、现金流票据等全部通过网络生成，并利用软件进行检验和审核，大幅度提高物流工作效率，节省更多的运营成本。

二、港口物流信息系统原则

1. 成功原则

港口物流信息管理具有很强的目的导向性，其信息管理系统开发与应用的目的在于取得物流的成功，不是为了使用信息管理软件而使用。所以，港口物流信息管理软件的开发与应用要特别注重基层调研工作，从需求中来，再回到需求中去，细化业务范围，设计与成功原则相一致的管理方案。

2. 可行性原则

港口物流信息管理软件归根结底是由人开发的，尤其是最后要实现“人机互动”，由人来操作软件。所以，软件的开发与应用必须真正达到精确把握操作的程度，当然，可行性衡量更要借助于计算机技术，规划好、建设好港口物流开发过程，为港口物流配送成功进行打好基础。

3. 保障原则

在港口物流配送信息管理网络中项目保障是十分重要的原则，因为在信息社会，没有保障的项目，风险可能随时存在，保障原则是项目开始的一个重要前提，公司应在项目设计中就考虑到政策保障、资金保障、物质保障、制度保障、管理保障等各方面的细节。操作中的保障方案由承包商来完成，应注清现金流明细、客户服务规定、管理人员权责明细，制定好风险管控方案，成立专家组，对保障方案细致审核，同时对操作流程进行评估。保障原则是项目成功开展的基石，做好保障工作有助于管理人员在工作中放心的施展和发挥最大潜力。

4. 整体可持续原则

建设港口信息系统项目是一个系统性的工程，包括项目可行性研究，项目预期效益评估，项目具体操作方案等一系列步骤，要确保项目的最终成功就必须立足于整个设计，扎根于实际环境，整体把握项目走势，每一步环节之间要确保其前后衔接、起承转合的可持续发展，项目运营的每一步要考虑到未来的收益或者留给后来者以更加成功的自我借鉴。

5. 技术性原则

港口物流信息系统开发要利用和借鉴好的、先进的技术，在软件设计开发工作中，先进性应体现在下列三方面：

（1）按照科学规划理论（SPT）和一整套管理决策做好前期的规划工作。

（2）项目运行网络平台要先进，网速要快和稳定，能够支撑起较先进的软件技术操作。

（3）设计软件和分析模型必须要先进，具备科学性和技术性，为项目实施保驾护航。

6. 文化环境原则

港口物流信息系统是在港口的文化环境中进行的，因此，信息管理的开发、设计以及应用都必须与企业本身的人文环境、企业文化相符合，以减少信息管理在企业或项目中实现的阻碍因素。

三、港口物流信息系统管理的工作内容

整体来看，港口物流配送的信息化过程可以分为以下几个部分：广域网络宽带建设、港口物流官网建设、港口物流管理数据库建设、若干小项目集中管理应用程序建设和高技术项目组团队建设。

1. 广域网络宽带建设

港口物流配送总平台下设的各部门是动态式工作的，众多部门中如果有个别部门的网络配置很差劲，导致港口物流配送总部不能和他们保持即时的线上联系，这样会影响决策的传达和对基层情况的了解，因此需要注重建成物流配送中心，分中心和各个配送中心之间的广域互联网络系统，当然也要重视各部门之间小范围局域电信网的建设，建议使用 LDSL（长城宽带）和 VNO 技术来辅助构建大范围广域网，这样可以节省很多资金成本，虽然偶尔受网速较慢的影响，但整体的物流配送系统将有充分的保障。

2. 港口物流中心的官网建设

每个有知名度的企业都会精心打造自己的互联网官方网站，通过域网宽带向人民群众传达与本项目企业相关的讯息。官网的作用很大，可以帮助企业树立正面的公众形象，进一步提高企业知名度，实现企业与信息使用者的双向沟通。这样的双向沟通可以帮助企业不断进步，及时把握企业发展的大方向。实力较强的企业，可以与阿里巴巴、BTB 或者 BOO 软件建立合作关系，利用他们广阔的网络用户资源和技术服务平台为企业的发展推波助澜。

3. 港口物流管理数据库建设

港口物流管理数据库是按照项目数据的结构来存储、组织以及管理企业项目数据的集合、模型。它是将物流配送各类信息分类导入数据库系统，利用数据库固有的标准来统一存储，处理。企业数据库系统的建设应当把握数据的真实性、全面性和及时性，这是数据库建设的基础性工作，同时也是企业项目开展的最全面的记录资料。

4. 港口物流配送集中管理应用程序开发

港口物流信息集中化管理的根本目的在于对多个项目进行整合，统一规划，建立完整的集中管理应用程序。

四、我国港口物流信息系统管理的应用现状分析

港口物流信息系统管理的中国化起始于改革开放初期，随着 20 世纪 80 年代我国高校改革的步伐，1983 年正式引入了物流信息系统管理，1989 年后逐渐在全国推广，已经经历了 30 多年的历史发展，我国的物流信息系统管理体制日益完善，社会管理形式更加规范。

我国港口物流信息系统管理存在的问题主要有：

(1) 港口物流信息系统管理重组比较落后。港口物流配送的信息化建设与重组的根本目的在于提高企业对信息的处理能力，有效提高港口物流配送信息处理的效率，提高其竞争力。但是，现阶段我国港口物流信息化建设中存在的一个最重要的问题是，信息化管理重组的难度比较大。

(2) 港口物流配送信息资源基础不能适应港口物流配送投资建设的需要。现阶段我国大部分港口物流也有一定的信息管理资源基础，包括计算机、OA 系统等。但是这些信息资源基础往往比较落后，没有及时更新，技术标准和流程规范存在很大的差异，不均衡发展现象十分普遍。

(3) 港口物流配送的信息化程度低，信息化建设的投入与产出不匹配。从总体上看，存在地区不平衡，一般还停留在表面的信息化管理，在港口物流信息系统的深层次方面还没有深

入的分析与建设，这在很大程度上限制了我国港口物流信息系统管理前进的步伐。另外有的港口还采用传统的管理模式，物流数据丢失严重，管理缺乏科学性，信息化水平还很低。机遇和挑战并存，我国要真正实现港口物流信息系统管理还有很长的路要走。

第二节 港口物流信息平台

一、港口物流信息平台的特点分析

港口物流中心信息化的特点主要表现在以下几个方面：

（1）港口物流信息平台有很强的针对性。信息平台要以计算机技术和数据库应用技术作支撑，其管理过程在很大程度上借助于网络来完成，以此降低管理成本，提高管理的效率。针对性是指对于技术要求较高，对互联网有较大依赖。

（2）港口物流管理信息化具备一定的创新性。港口物流管理常常需要迎合时代要求，极力发挥团队信息创新力量，因此物流配送者在项目决策和实施过程中，从实际出发，结合项目的具体情况，因地制宜地处理和解决港口物流中心的实际问题。

（3）港口物流信息平台可以有效改变信息断层现象。由于港口物流信息系统的管理与实际的港口作业独立进行，港口作业流动性又比较大，港口作业的操作很容易出现中心与部门信息不畅的现象，各部门的工作有着很强的灵活性，而总公司必须统筹全局，随时把握各部门的工作进度，范围过大，分支过多导致实时管理难以实现，企业的整体资源不能有效利用。

（4）在物流信息平台建设的变革当中，企业也面临着很多的阻力。

① 在降低企业运营成本时，需要精减人员。

② 在企业信息化的过程中，管理者心态的转变也很重要。

③ 企业各部门的工作人员要有全局意识，系统化执行

任务。

（5）港口物流信息平台管理对人才具有更高层次的要求。

这包括信息管理软件的开发人才、系统维护人才、软件的使用人才等。在对港口物流信息管理平台使用过程中，人才对提高港口物流工作的效率十分重要。

（6）港口物流信息管理平台还必须要有现实的软件工具，要有专业化的软件管理团队，软件信息的按时发送可以实现点对点、个人对个人的效果，信息的快速传达能够提高决策传递的速度，保持信息的沟通。

港口物流信息平台建设的必要性如下：

（1）随着港口业务流程优化和再造，对各种信息数据共享的需求逐步提高；

（2）港口管理对业务信息数据统一查询、提取、管理的需求持续增加；

（3）如果对港口信息数据缺乏集成，就难以为港内外用户提供全面、详细、快速、准确的信息。

二、 物流信息平台的体系结构

目前物流信息平台由以下两种主要形态。

1. 关于封闭式的平台系统

封闭式平台依附于线下实体，为组织内或组织间提供封闭式的信息服务。此种模式的主要代表有电子口岸系统、物流原物监管系统、贸易集散地的交易系统。封闭式平台系统拥有特定的公共用户群体，不同的平台系统之间不存在市场竞争的情况。封闭式平台系统模式稳定，并有特定的目标服务群体。

2. 关于公共物流信息门户

公共物流信息门户以平台模式出现，属于门户类的物流信息平台，具有较高的开放性。同时，在服务范围上更趋向多样化，提供更大范围的信息交互。此种模式的主要代表有锦程物流王、福州港口物流信息平台和南昌物流信息平台。公共物流信息门户有两种不同的价值趋向：一种是政府主导投资的公益性信息门户，不以盈利为目标；另一种是企业主导投资的盈利性信息门户，存在明显的市场化竞争。其商业模式将持续变化，并向多样化方向发展。

三、港口物流信息平台一站式服务的模式

港口物流信息平台一站式服务的模式如图 9-1 所示。

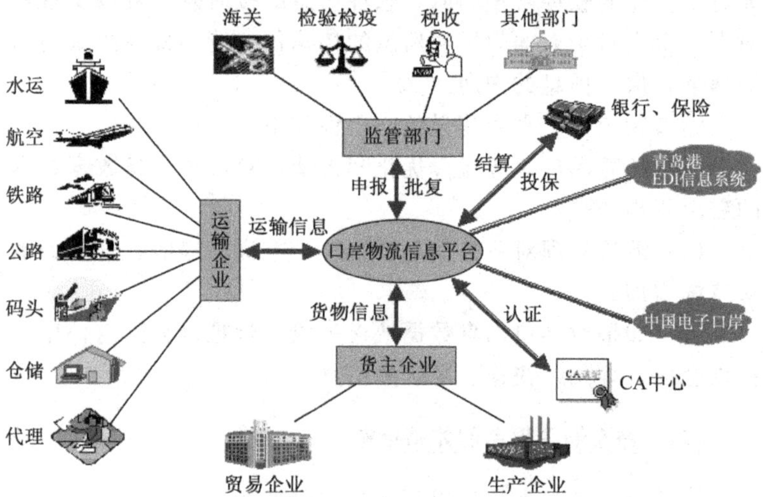

图 9-1　港口物流信息平台一站式服务模式港口物流

1. 港口物流信息平台的功能结构

（1）数据传输系统；（2）信息增值服务系统；（3）电子商务应用系统；（4）辅助决策系统；（5）后台管理系统；（6）安全管理系统 。

2. 设计原则

以实用性为原则，兼顾系统的先进性、安全性、可靠性和容错性、开放性和标准化、可扩展性、可管理性、规范性和投资保护。

在市场经济条件下，货运行业管理必须适应市场的要求，整合社会资源，合理配置运力和运量资源，合理运用现代信息技术，借助网络，建设港口物流信息平台，使港口物流行业升

级和实现物流的现代化。

港口物流信息平台提供的物流信息是整个港口物流供应链的一个重要环节的信息，即协调、管理货物运输过程所产生的信息流，用来支持保证货物运输高效率的完成，促进社会运力的良性发展。由于港口物流共用信息平台要面对不同参与者对共用信息的各种需求，因此，共用信息平台在总体上应具有多种功能，通过共用信息平台支撑政府部门间共用信息需求，满足具有核心业务能力的物流企业信息需求。

其总体功能如下：

(1) 平台基本功能

此功能是作为公共平台的基本要求，可实现物流中心的网上信息共享，货主、车主和货运站可在平台上进行交易；管理部门可进行物流信息及相关政策、法规等信息的发布；此外，还对交易数据进行分析，便于管理部门管理和决策。

(2) 港行运输管理功能

此功能为港行运输企业的在物流中的关键功能，它包括计划管理、运行状况、线路管理、签收管理和查询等功能，此功能利用条形码技术和 EDI 技术对货物进行跟踪服务，并通过 GPS、GIS 进行车辆的动态管理，通过通信卫星进行线路的动态选择和管理。

(3) 仓储管理功能

此功能主要为出入库管理、库存管理和盘点，同时提供关于库存、不良品等不同报表以及实时的仓库储位图形显示，以满足不同要求的查询，并可通过相关数据实现货物库存点的优化分布。

(4) 统计报表功能

此功能可对信息进行加工整理，提供多种相关统计报表，便于不同的对象进行分析和统计。

(5) 集中控制功能

此功能提供对物流全过程的监控与管理，尤其便于政府调控网络层和行业管理网络层实现对枢纽网络层的管理与控制。

（6）客户查询功能

此功能主要是实现对客户的相关资料的全方位、多层次的管理，系统根据客户的静态资料和服务的历史数据以及商业智能的分析来进行日常管理和开展新业务。

（7）电子商务功能

进行远程的交易与查询等相关业务。

通过建立港口物流信息平台，可充分运用现代化的计算机技术和网络技术（如 EDI 技术、条形码识别系统、GIS 地理信息系统、GPS 全球卫星定位系统、图像识别系统和射频技术等）对传统的货运模式进行改革，整合目前较为紊乱和低效的货运市场，发展电子商务的新型模式，有效地对车源、货源进行重组，充分利用运输工具的定额能力，减少空载率和不满载时间，提高实载率，降低物流企业的销售成本，提高港口物流企业自身的效率和管理水平。

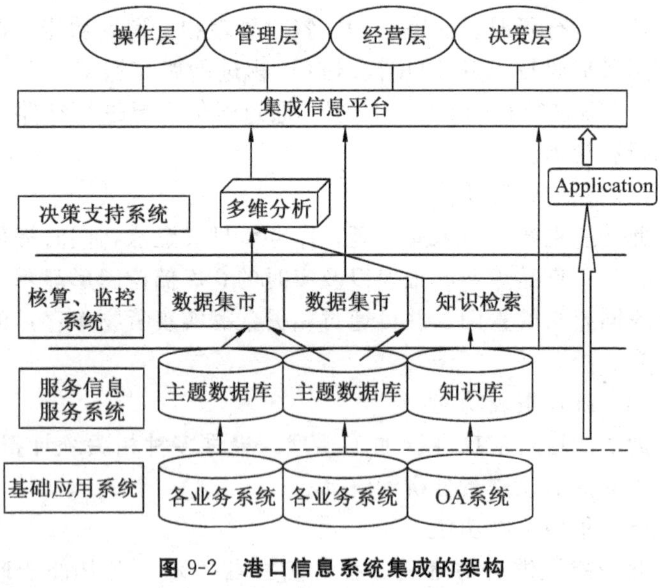

图 9-2　港口信息系统集成的架构

港口物流信息系统平台主要包括货运代理信息管理系统、船代信息管理系统、码头管理信息系统、船舶动态监控系统等。

1. 国际货运代理

指接受进出口货物收货人、发货人的委托，以委托人的名义或者以自己的名义，为委托人办理国际货物运输及相关业务并收取服务报酬的行业。

2. 货代管理系统的总体功能

包括基础资料管理、客户服务、海运操作管理、空运管理、报关操作与状态跟踪、车辆调度、车辆管理、统计分析等子系统。

货代管理系统的总体功能图如图 9-3 所示。

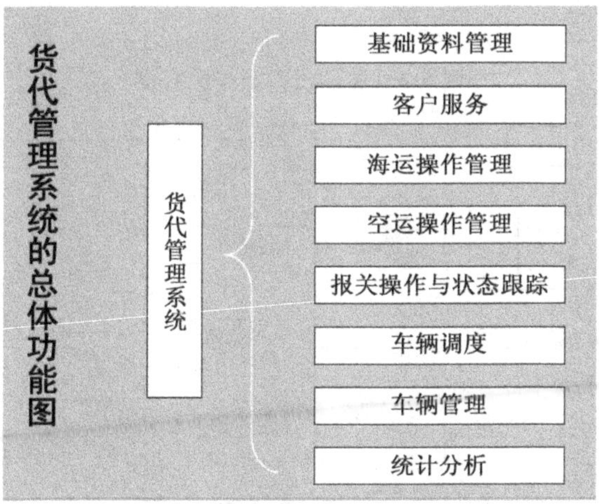

图 9-3　货代管理系统的总体功能

3. 货代管理系统的业务流程

针对港口物流的特色，主要介绍海运操作系统、报关业务管理系统、集装箱车辆运输管理系统这三个主要的功能模块。海运进出口操作流程如图 9-4—图 9-5 所示。

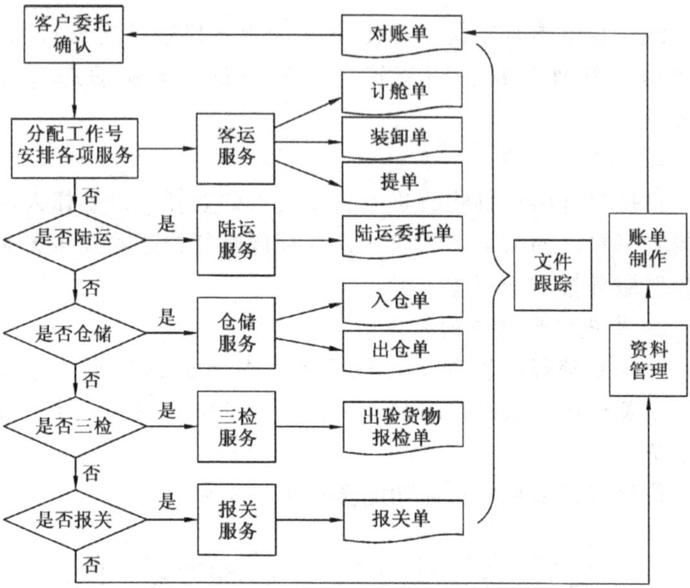

图 9-4　海运出口操作流程图

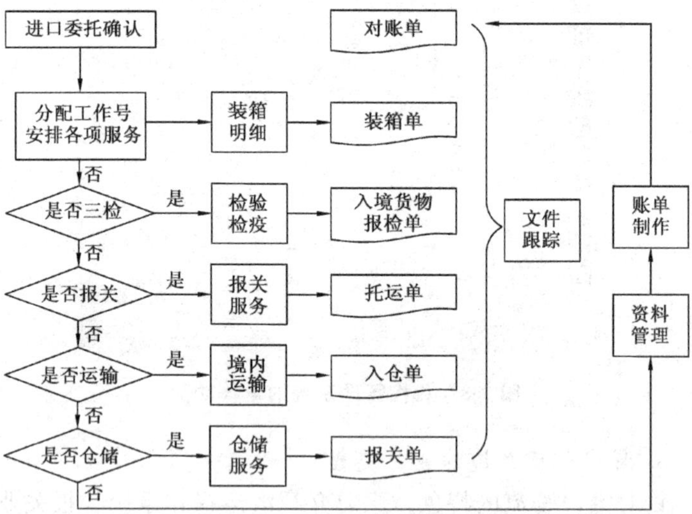

图 9-5　海运进口操作流程图

报关的业务操作主要有海运出口报关、海运进口报关以及海运进出口报关所关联到的报关服务、陆运服务、仓储服务和“三检”服务等。海运进出口报关操作流程如图 9-6、图 9-7 所示。

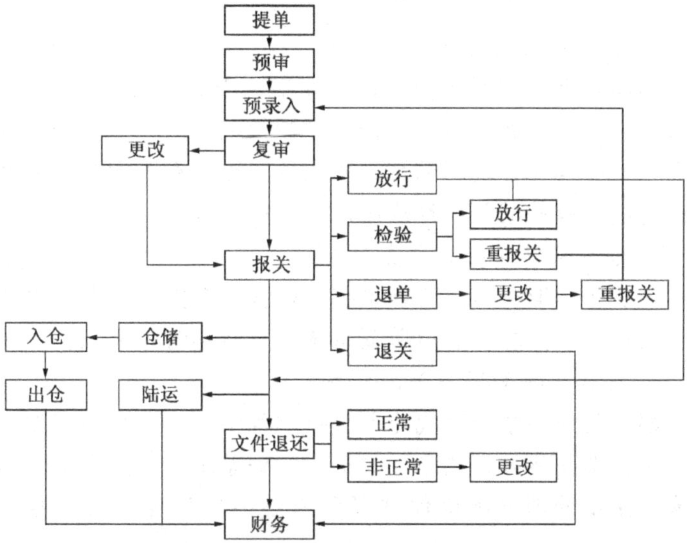

图 9-6　**海运进口报关的操作流程**

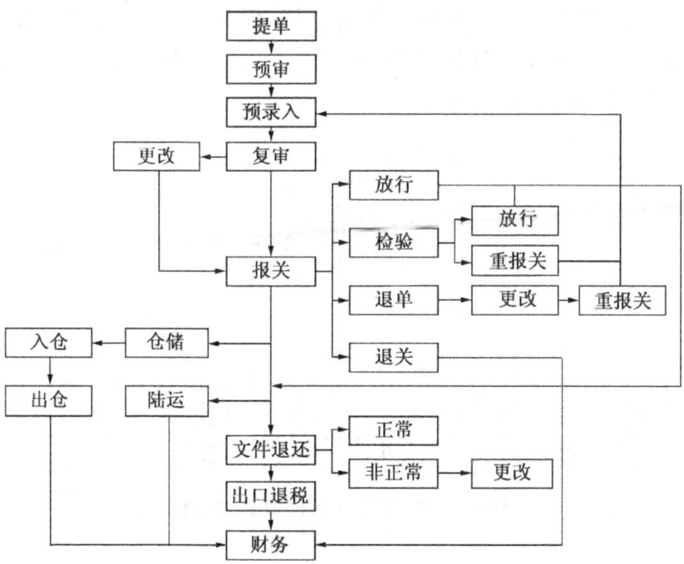

图 9-7　**海运出口报关的操作流程**

四、 船舶代理信息管理系统

1. 船舶代理的定义

船舶代理机构或代理人接受船舶所有人（船公司）、船舶经营人、承租人或货主的委托，在授权范围内代表委托人（被代理人）办理与在港船舶有关的业务、提供有关的服务或完成与在港船舶有关的其他经济法律行为的代理行为。

2. 船舶代理系统的主要功能

主要包括船务信息管理系统、航次结算系统、出口单证系统、出口运费系统、进口单证系统、集装箱管理系统。

3. 船代信息管理系统的业务流程

船代公司在整个船代业务进行过程中基本上是与三种当事人往来，即托运人、船东、收货人。该系统围绕各个不同的当事人，主要处理进出口代理以及与进出口代理相关的各种业务。具体如图 9-8、图 9-9 所示。

4. 码头管理系统功能

包括泊位计划（BP）、船舶计划（SP）、堆场计划（YP）、作业控制（OC）、箱务管理（CM）、CFS 管理（CFS）EDI 管理（EDI）和商务计费（BS）。

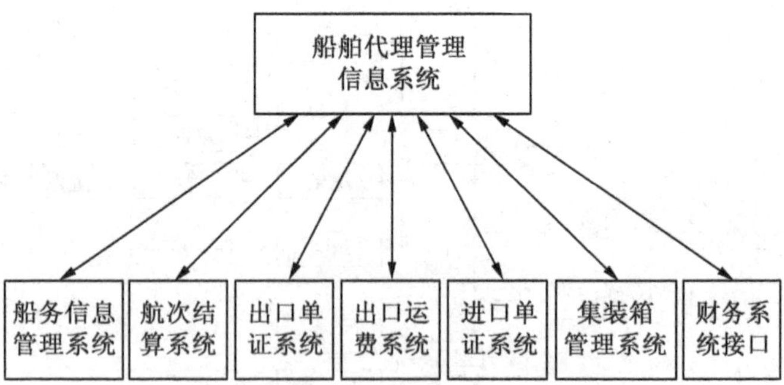

图 9-8　船舶代理管理信息流程图

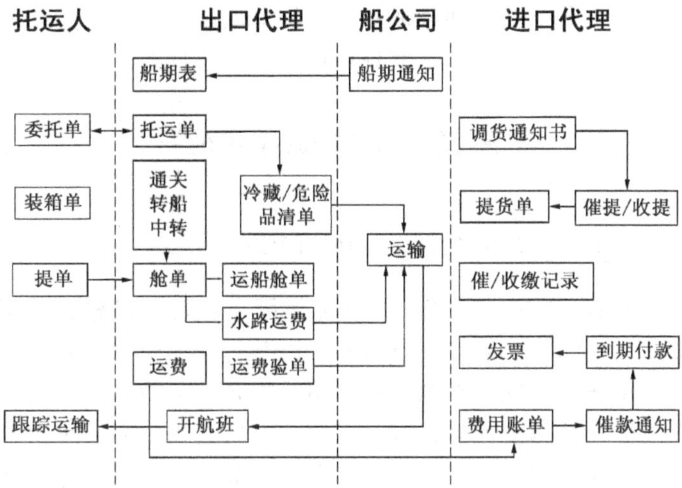

图 9-9　船舶代理业务的整个流程

5. 船舶动态监控系统

应用在船舶调度、航运、海上巡视等船舶管理部门，通过该系统，港口人员可以 24 小时监看整个港区和锚地的船舶动

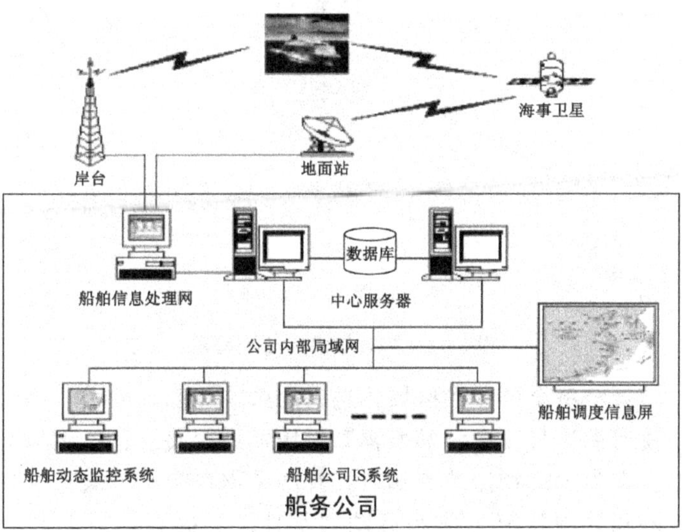

图 9-10　船舶动态监控系统流程图

态，以及一定范围内遇到船舶、锚泊船舶、港内航行船舶和码头停泊的全部船舶动态，实现对船舶的动态监控。

第三节　港口物流技术应用

一、港航 EDI 的发展及存在的问题

电子数据交换（EDI）是一种使用计算机技术整合数据的新方法，将海关、商贸、物流和金融等行业的信息，用标准的国际通用格式，通过全球互联网络，在各有关部门、公司和企业之间进行数据交换和处理，并完成以贸易为中心的全部业务过程（具体如图 9-11 所示）。因为计算机的使用可以完全取代传统的纸张文件的流转，因此也有人称它为“无纸贸易”或“电子贸易”。

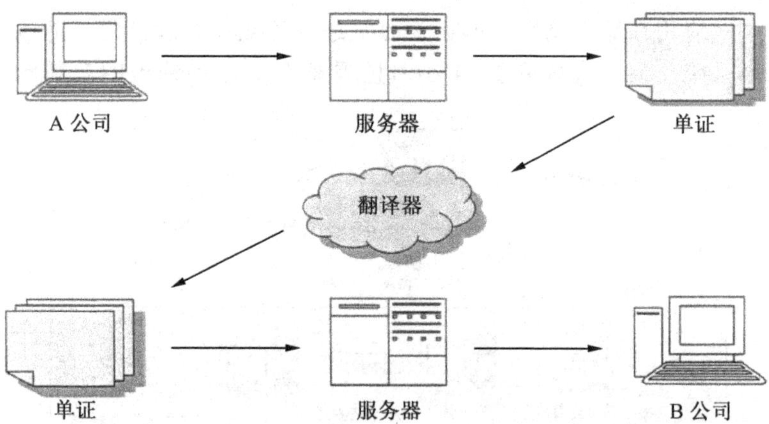

图 9-11　EDI 技术网络流程图

随着经济全球化和区域化进程的影响加剧，港城一体化加速，使得港口日趋成为其所辐射区域经济的决议、组织与运营基地。作为国际物流节点端口，其既是物资交汇节点，又是综合统筹和处理物流生成和流动的基地。要提高其效率和竞争力，首要是从优化业务流程、提高单证流转质量及效率着手，

EDI技术对于企业成本的降低、资源的合理使用、企业内部生产流程的优化、企业市场竞争力及话语权的提高起着决定性作用。自20世纪90年后，在交通部组织下确立上海、青岛、天津、宁波为试点，在港航范围内率先实施EDI，以替换传统的纸面单证。

当今世界，信息技术飞速发展，市场全球化、经济区域化、经营跨国化已是大势所趋，欧洲经济一体化便是其中的典型。这种统一市场的目标是建立一个完整的经济区，消除彼此间的贸易障碍，成为相互联系、相互依存的经济体。在这种全球经济相互依存与竞争的形势下，发达国家纷纷采用20世纪80年代初出现于贸易、工业、运输等领域的一项由电子计算机及通信网络来处理业务文件的技术——电子交换技术（EDI）。

二、 港航EDI国外研究现状

第二次世界大战之后，随着经济的复苏，全球贸易日趋活跃，从而促使各种贸易单证与交易文件激增。尤其是国际贸易，不仅涉及贸易公司的各种贸易单证，如订单、提单等，还涉及海关、商检部门的单证，以及银行、保险部门的文件。在这种情况下，有时一笔生意从托运到结汇，内部环节繁多，需要交换的单证达数十份。如果全部使用纸面单证，那么全世界每年因贸易活动而产生的纸面文件就要以亿为单位计算。因此，纸面文件成为阻碍贸易发展的一个突出因素。

另外，由于国际贸易竞争日趋激烈，市场竞争出现了新的特征。价格因素在竞争中所占比重逐渐减小，而服务性因素所占的比重逐渐增大。因此，在这种情况下，提高商业文件的传递速度和处理速度、简化贸易程序、提高信息传递的准确性就成为所有贸易伙伴追求的共同目标。

由此，在20世纪60年代末，欧美提出EDI的概念。最初的EDI只是两个贸易伙伴之间的依靠计算机的直接通信来传递具有特定内容的商业文件。随着采用EDI做生意的公司的日益增多，一些行业性的工作小组开始致力于发展行业性数据传输标准，并建立行业性系统。

20 世纪 70 年代，由于数字通信网络技术的出现和发展，产生了跨行业 EDI 的系统，此时期制约 EDI 发展的主要问题是标准问题。随着 1978 年美国国家性委员会（X12 委员会）成立，并于 1979 年被美国国家标准研究院批准为信息标准委员会，EDI 进入快速发展时期，应用范围从银行业、运输业及零售业扩展到其他商业领域，比如港口。

如今先进的通信迅速成为国际货运和运输行业的必要条件。海关数据的传递亟须一套快速灵活的客户响应手段及信息跟踪控制的传递方式，EDI 的出现正好填补了这一空白。

目前，美国海关在其货物报关单中，已有 96%是采用 EDI 方式处理的，其中又有 45%实现了无纸通关，而自动缴税（银行电子划账）已占总数的 54%。为了有效限制国外纺织品冲击国内市场，美国已与新加坡、中国等有关部门联网，以 EDI 方式交换纺织品许可证发证信息。

到 1992 年，全世界已有 53 个国家和地区在开发和使用 EDI，其中既包括经济发展中国家，也包括发达国家。同年，欧共体（欧盟的前身）开始全面推行用 EDI 办理海关手续，如不采用 EDI 方式，海关手续将被推迟处理。在欧洲大部分国家 EDI 已经成为做生意的主要途径。

加拿大海关也在几年前制订了从传统的联网受理报关业务向 EDI 方式过渡的行动计划，开发了与其报关自动化处理系统（CCS）相衔接的 EDI 报关系统，开始接收 EDI 报关，EDI 报关量已占 83%。澳大利亚海关采用 EDI 模式处理进出口货物，发展至今已基本上实现了 90%以上的“无纸化通关”。

而在亚洲，EDI 也得到了广泛的应用。新加坡是世界上第一个在国际贸易中全面实现 EDI 管理的国家。目前，新加坡已废除了所有的书面贸易文件，实现了所有进出口贸易都采用 EDI 方式申报。日本、韩国、中国香港、中国台湾的 EDI，虽起步较晚，但发展迅速。日本工业广域网、EDI 服务、专线线网的 EDI 用户约有 5 万人，其主要行业分布为销售业占

70%～80%，制造业占10%～15%。韩国投资5.8亿韩元开发和建立了KTNET的网络，并在1995年正式运行。中国香港由华润、汇丰等11家大公司组成的Tradelink EDI网络已投入运行。中国台湾建立了Trade Van的EDI网络，用于海关自动化。

现在，世界各国都在加快EDI的推广应用工作。为此，联合国贸易发展会议已经提出了一项名为“TE2000年”的全球贸易促进项目，它是融贸易公司、客户、银行、运输等为一体的EDI综合性服务系统，这一系统的应用必将引起一场全球范围内的商业革命。

此外，在网络技术日益发展的今天，传统EDI也面临新的发展的需求，主要体现在以下四个方面：一是在安全机制完善的前提下，EDI应用的载体从价格高额的专用网转向实惠方便的广域网；二是对已建成EDI平台，进行区域范围内横向或纵向的数据交换，以共享更多的客户及数据资源；三是基于绿色港口的推行，各组织更加重视EDI平台的控制、绩效分析以及服务质量；四是在大数据背景下，如何才能通过对已收集的数据进一步加工，为众多的EDI用户的日常运作提供更多有价值的信息。

三、 港航EDI国内研究现状

我国从1990年引进了EDI概念，当时的外经贸部于1990年5月和次年5月召开了“中文EDI标准研讨会”和“国际无纸贸易战略与技术研讨会”，并把EDI列入“八五”重点应用项目，成立了“促进应用EDI协调小组”。通过几年的努力，协调小组在试点、宣传教育、标准制定、法律研究和国际合作等方面做了大量的工作，为我国EDI的发展奠定了基础。目前我国的计算机网络事业正在蓬勃发展，其中很多与经贸相关的网络软硬件工程的开发大大促进了EDI的发展。

对于我国来说，EDI又被称为无纸贸易，它的应用和研究范围不仅仅是贸易部门，还包括制造业、运输业、零售业以及卫生保健和政府部门，甚至还可以应用于所有应用计算机进行管理，同时又需要在不同单位间进行文件资料的交换和处理的各种行业及部门。

1. 物流 EDI

现代物流企业的重要标志便是是否全面应用 EDI 技术具体应用流程对企业的相关数据，以公认的标准，翻译成报文数据格式，再传递给指定的部门或企业。现代物流管理中，物流企业、上游供货商、下游需求方三者通过 EDI 流转的单证不胜枚举，常见的有交货单、采购单、变更单、装箱单、提单、订单等。近年来，物流 EDI 的应用主要表现为以下三种形式：信息发布、网上查询、货物追踪。

1996 年江苏省主导研发的“全程货运 EDI 网络信息系统”是早期物流 EDI 的典型应用。该系统的上线，不仅实现了江苏远洋运输公司同客户之间业务来往的单证交换活动，而且构建了局域内 EDI 平台的数据标准及建设标杆。

随着物流行业的发展，规模较小物流公司在激烈的市场竞争中渐渐被淘汰，更多企业投入大量的资金和人力建设物流配送中心。2006 年，李艳冰教授为发展初期的物流信息系统设计了一套系统 EDI 框架，并提出两种建设模式：一是由行内龙头企业建立 EDI 服务中心，通过业务来往扩展到上下游客户；二是由政府主导建立公众 EDI 服务器中心，这种方式有更大的社会影响力和公众信服力。

2. 制造业 EDI

一方面，贸易全球化带来了“世界工厂”的出现，中国自从加入 WTO，市场对外开放的程度大大提高，推进了国内制造业的蓬勃发展。另一方面，制造商又面临着来自全球的激烈竞争，这就要求对于市场走向的判断占据主动的位置。此外，原料采购的全球化趋势，虽然大大降低了采购成本，但是信息的传递过程及效率往往较难监控。EDI 的出现能够很好地解决以上两个问题，也是欧美大型制造业推崇 EDI 在制造业的应用的重要原因。一个典型的例子就是在美国的汽车工业中使用

EDI 已经成为生存的第一要务，离开了 EDI，原料供应不及时，生产便无法进行。而在我国汽车制造业存在同样的问题。由于汽车零部件种类繁多，不同企业间的生产工序往往差异巨大，生产线随着订单的频繁变更而调整，信息的传递显得尤为重要。在我国，汽车生产商选择合作伙伴的重要指标之一便是汽车零配件厂商是否使用 EDI。

3. 港航 EDI

从 20 世纪 90 年代开始，在港航电子商务示范工程的指导下，我国进入了航运信息化建设快速发展和网络应用的阶段。在过去的 30 年中，航运行业信息化始终坚持面向应用，基于数据，以网络建设为中心，注重应用效果和效益的发展政策，随着投资力度不断增加，行业积极引进新技术，提高各种计算机信息系统和互联技术的发展，使我国港口信息化建设已达到国际领先水平。具体表现为：

“九五”期间在国际互联网上开通了服务网站，建立了一批“港航 EDI 中心”，并在沿海建成了一个“半月形”的港航 EDI 中心网络，逐步吸引了上万个 EDI 用户。

2004 年以后，各港口的生产业务系统陆续建成，涉及的码头企业、货主码头、船舶代理公司等单位全部实现联网运行，如大型港口建设的“调度指挥中心”涵盖生产调度指挥、辅助决策等功能。

金融危机后，大型港口企业陆续建设了数字化港口体系，实现了港口数据共享、资源整合和信息的增值服务，使航运行业智能化建设得到了深入持续性发展。

2006 年 3 月，完成已建成的 20 个港航电子数据中心的联网，将为货物流通提供一个良好的信息平台。

改革开放 30 多年以来，我国航运信息化建设取得了辉煌的成就，其中备受瞩目的是由交通运输部主导的《国际集装箱运输电子信息传输和运作系统及示范工程》。该项目的顺利实施，一是使港航形成了扎实的信息化基础设施（光纤骨干网络、大数据量交换网络等）；二是大型的网络覆盖能力的形成；

三是提高了对信息化建设的认识水平。同时，该成果的应用为我国大规模建设电子商务打下了基础，港航电子商务的规模化建设，使我国海关、检验检疫等监督管理部门，在 21 世纪初顺利实现了“电子大通关”的目标。

总的来说，我国各行各业的 EDI 建设欣欣向荣，但是在应用程度上和范围上还是有较大的落后，尤其是个别行业与国外同行业相比有着明显的差距。据国外权威研究机构预测，进入 21 世纪，全球 EDI 的市场占有率将以指数级增长。我们必须从长远的发展的目光出发，大力倡导企业和行业广泛地应用 EDI 技术，将 EDI 技术作为一种不断发展的管理方式来考虑和应用。2013 年 11 月，交通运输部在浙江举行全国交通物流公共信息平台建设推进会，平台以“EDI”为总体布局，涵盖国家、各省、各行业平台的数据交换。截至目前，平台用户已超过万家，数据交换量累计超过亿条。

(1) 港航 EDI 的内涵

港航 EDI 是国际经贸技术网络 EDI 的重要组成部分，是 EDI 最成功的应用实例。港口业务，不单涉及口岸执法部门，还涉及具体港区的运作企业。口岸执法部门有各自的执行管理系统，港区企业也有各自的业务信息管理系统。可以简单地理解为中国电子口岸主要是面向口岸执法部门之间的业务办理与系统数据共享，港航 EDI 中心主要面向港区企业之间的系统数据交换，同时也是港区企业与口岸执法部门各自系统数据交换的中心。

港航 EDI 中心主要为码头、集疏运场站、理货、货主货代、船公司船代提供数据共享与信息交互。作为电子口岸的重要延伸应用，可以与政府相关监管部门（如海关、国检、边检、海事等）实现电子数据交换，以加速港航业务的作业效率及服务水平。

港航 EDI 中心是 EDI 技术的具体应用，是以网上业务办理与不同系统（各部门与企业）之间的数据共享与交换为手段，实现推动具体业务发展，提升服务效率和竞争力、促进贸易和物流便利化服务的目的。

港航 EDI 中心主要面向码头、集疏运场站、理货、货主货代、船公司船代等企业。港航 EDI 中心是港区行政机构与港区企业之间连接的桥梁，要提升港口的整体竞争力，便利企业进出口，降低贸易成本，提高贸易效率，港区行政机构与港区企业之间的信息及时流转与凭证互认是有效手段，EDI 中心正是起到这样一个连接的纽带作用。

(2) 港航 EDI 主要业务流程

港航 EDI 中心本质上是各个部门、政府和企业之间的桥梁，甚至是连接进出口贸易与物流等信息数据的公共平台，而最核心的内容即为信息交换平台。信息交换平台完成了电子文件的传输及存储，是对接口岸联检单位、港口业务单位和有关政府部门的业务系统。电子单证由发送者发送至信息交换平台，再由信息交换平台存储转换后发到接收者，接收者将收到的单证电子信息发送到内部业务系统进行处理。港航 EDI 中心业务流程如图 9-12 所示。

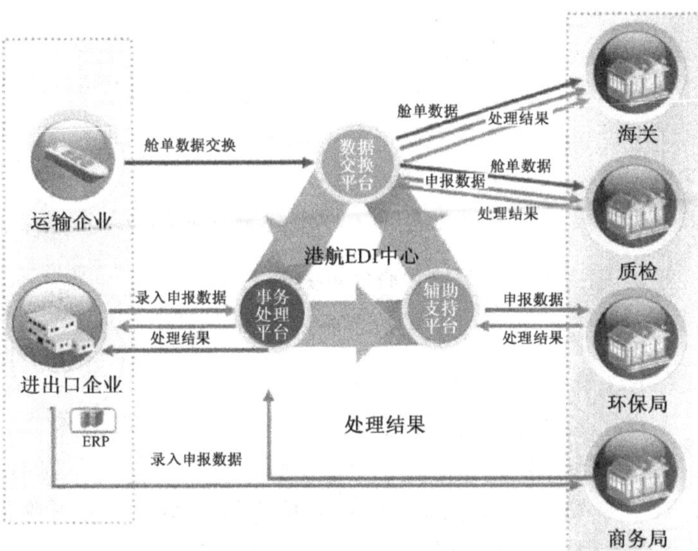

图 9-12　港航 EDI 中心业务流程

(3) 港航 EDI 中心的经济及社会效益分析

第一，经济效益分析。

一般而言，港航 EDI 中心的建立能给企业带来的效益可表现为直接效益、间接效益和增值效益。其中，直接效益主要包括：降低了单证处理成本，避免业务数据重复录入，降低了传统业务办理中极易发生的人为错误，降低沟通费用，提升了信息储存容量与效率，大大提高了数据传输速度和质量等，牢固与客户的合作关系等。

间接效益则得益于各参与方应用 EDI 之后的对经营方式的改变及业务流程的再造。具体表现在：商品库存降低；现金管理更加方便，有效订货更加迅速；为客户提供更好的服务；大幅提高企业的现代化管理水平，提升企业内部信息技术建设，实现业务重组等。

增值效益主要体现在公众服务力上，它包括：发布公共信息，如船期、运价、市场动态等；向客户提供个性化的信息服务，以提高企业对市场的判断力；为政府做宏观决策提供统计数据。

第二，社会效益分析。

港航 EDI 中心是服务于港口物流贸易的公共信息服务平台，是电子口岸的重要组成部分，在大通关建设中发挥重要的支撑作用。港航 EDI 中心的建设，将有利于进一步改善港口通关环境，有利于确立港口作为综合运输体系的重要枢纽。

四、 国内外主要港航中心建设案例

1. 国内港航建设案例

(1) 上海 EDI 中心建设介绍

上海亿通国际股份有限公司（以下简称“上海亿通”）整合了原上海市 EDI 中心、上海港航 EDI 中心和上海经贸网络科技有限公司。由港航 10 家单位联合投资组建，注册资金 1 亿元人民币，发展过程中上海市政府追加投资 3500 万元。

近年来，公司大力拓展增值创新业务，为船公司提供个性化服务，先后开发和推广了公共订船、公关箱管以及货物跟踪服务。其中：

① 在公共订船服务方面，截至 2010 年底，用户包括 16 家世界著名船公司、6 家公共船代及全国超过 600 家货代。

② 在公共箱管服务方面，为大船公司提供超过长江流域 30 个沿海及内陆港口堆场的区域内电子放箱服务，服务客户包括 Maersk、NYK、Hanjin。

③ 在货物跟踪服务方面，截至 2015 年底，应用客户包括 33 家船公司及数百家货代用户。

（2）深圳 EDI 建设

早在 1998 年，深圳市政府便率先组建了深圳鹏海运电子数据交换有限公司，专门从事港航 EDI 中心建设工作。随着《珠江三角洲地区改革发展规划纲要〈2008—2012 年〉的实施方案》的出台，深圳港航 EDI 中心进入快速发展时期，强调打造数字城市公共信息平台，实现与海关、质检、银行、税务等部门核心流程的全程贯通；探索监管结果互认共享机制。

深圳已完成三大系统的建设：

① 舱单数据采集及申报处理系统：与海关、国检实现船单一次申报，信息共享；对申报数据的全程跟踪；

② 国际转运货物监控系统：与海关信息连接，实现海关、码头的电子底账核对和实时核销；

③ 海运进口空箱快速通关系统：空箱提前申报；分流查验与放行；离港核销。

（3）广州市 EDI 中心建设

广州于 2004 年启动电子口岸大通关建设，次年正式成立广州电子口岸建设协调领导小组，并组建成立广州电子口岸管理有限公司。成立当年完成电子口岸信息系统和一期应用系统投入 549 万元，一期硬件投入 688 万元，合计 1200 余万元。2006 年，广州电子口岸平台正式上线运行，次年追加软硬件投入 589 万，累计投入约 2800 万元。

2014 年，公司陆续开发了一系列适应本市需求的项目，如运抵报告系统、国际航行船舶舱单系统、船单互认系统、电子装箱单系统。这批系统的上线运行，较好地服务了口岸行政管理，满足了执法诉求，大大提高了通关效率，收到了各方的一致好评。

(4) 宁波港 EDI 物流信息平台

作为中国最早的 EDI 试点，宁波港的 EDI 中心对地区发展具有举足轻重的地位，同时，宁波港 EDI 中心极大改善了口岸的服务环境，提高了口岸集装箱生产作业效率。

1997 年 5 月，宁波港口 EDI 中心建成，并被列入国家“九五”重点科技攻关项目。随着需求及技术的不断升级，新一代港口应用系统于 2006 年 8 月成功上线。截至目前，宁波中心现有用户 5000 余家，签订报文传输协议 3000 余个，每月传输报文 200 万余条。

2. 国外港航建设案例

(1) 美国

美国是世界上最早开发 EDI 的国家，早先的 EDI 应用系统基本上都是基于美国国家标准开发的。EDI 在美国的电子商务领域有着非常广泛的应用，在港航领域，美国海关总署从 1989 年 2 月底起对用 EDI 方式报关者给予优先处理，而从 1992 年起全国采用强制手段，不使用 EDI 方式者，其清关手续将被推迟处理。

(2) 加拿大

加拿大也是世界上采用 EDI 较早的国家，其中港航 EDI 应用发展最快、规模最大。EDI 系统在加拿大的对外贸易实务操作过程中起到积极作用，每年大约 400 万宗的进出口交易中，经由该系统的业务占一半以上。在此基础上，加拿大还提出了“海关 2000”计划，极大地提高了商务过程的工作效率，促进了经济的发展。

(3) 澳大利亚

澳大利亚政府指定澳大利亚贸易门有限公司为唯一 EDI 业务经营权组织，期限 5 年。它由澳大利亚海关、航空公司、海港管理协会等 11 个组织机构组成，主要业务是通过分布在全国境内的贸易链提供全面的无纸贸易，以提高效率，加快货物的运转速度，从而提高经济效益。现在包括政府部门、港口管理当局、船公司、报关行、承运商、码头经营者、航空公司和进出口企业等，所有与进出口货物流转相关的企业都是的潜在客户。目前，该国 95％以上的海关业务都是通过 EDI 的方式处理。

（4）新加坡

作为世界上最繁忙的港口之一，新加坡港早在 20 世纪 80 年代就开始推进 EDI 建设，第一代的 Portnet 系统于 1989 年上线实施。近年来，新加坡港不断开拓与其他地区 EDI 中心的合作，已与全球 30 个港口的 EDI 中心连接。第二代全国性 EDI 系统上线后，每单审批时间由 24 小时缩短为 15 分钟，每份通关文件处理成本从 5 美元下降为 0.8 美元，为政府及企业节约成本累计达 6 亿美元。

五、智慧港口

智慧港口以信息物理系统为框架，通过高新技术的创新应用，使物流供给方和需求方沟通融入集疏运一体化系统；极大提升港口及其相关物流园区对信息的综合处理能力和对相关资源的优化配置能力；智能监管、智能服务、自动装卸成为其主要呈现形式，并能为现代物流业提供高安全、高效率和高品质服务。

智慧港口是以现代化基础设施设备为基础，以云计算、大数据、物联网、移动互联网、智能控制等新一代信息技术与港口运输业务深度融合为核心，以港口运输组织服务创新为动力，以完善的体制机制、法律法规、标准规范、发展政策为保障，能够在更高层面上实现港口资源优化配置，在更高境界上满足多层次、敏捷化、高品质港口运输服务要求的，具有生产智能、管理智慧、服务柔性、保障有力等鲜明特征的现代港口运输新业态。

智慧港口基本特征体现主要包括港口基础设施与装备的现代化、新一代信息技术与港口业务的深度融合化、港口生产运营的智能自动化、港口运营组织的协同一体化、港口运输服务的敏捷柔性化、港口管理决策的客观智慧化。

智慧港口的设施配置主要涉及交通运输基础设施网络和信息化基础设施网络以及港口运输装备三部分，没有基础设施的网络化、数字化，没有港口运输装备的标准化、智能化，就无法实现港口运输要素的全面感知，无法实现云计算、大数据、物联网、移动互联网等新一代信息技术与港口运输核心业务的深度融合，也无法实现港口运输组织和运输管理的创新。

2019 年 1 月 18 日，青岛港在自动化码头上成功完成基于 5G 连接的自动桥吊控制操作，率先实现了通过无线网络控制设备抓取和运输集装箱，是全球首例在实际生产环境下的 5G 远程桥吊操作。

中国内地的自动化码头建设起步较晚，2018 年底已建成厦门港远海、青岛港、上海港洋山四期三个自动化码头。

青岛港和上海港等自动化码头的作业采用“远程操控双小车岸桥＋自动导引车（AGV）＋自动操控轨道吊”生产方案，在码头操作系统（TOS）的统一计划、统一调度等业务指令下，不同码头作业单元协同有序开展工作，不断提高码头作业效率，节省码头人力 70％以上。青岛港建设了首个国内港航企业私有云平台。

上海港“e 卡纵横”平台、厦门港智慧物流协同平台、天津港电子商务平台等均采取集卡车辆预约制，合理安排集卡进港作业，减少集卡在港等待时间。同时，优化码头整体作业调度，有效提高集卡车队运输效率和港口码头作业效率，优化港口集疏运体系。

天津港加快 5G 网络部署，实现无人驾驶集卡 5G 全景高清视频回传功能和基于 5G＋MEC 方案的货物单兵查验业务应用。完成舱单、放行、进出门等 18 类港口作业主要业务单证的电子化。

宁波舟山港利用高分辨率遥感测绘、视频监控、无人机等智能采集终端，通过三维建模与地理信息系统（GIS）等技术，实现对危险货物重点区域的二维、三维一体可视化和全空间视频展现，提高港口危险货物监管水平和能力。

国内沿海港口码头迫切希望发展智慧港口，国内的一些码头已开始在生产环节创新性地采用新型人工智能技术，应用已涵盖浙江、广西、广东、山东等多地港口及海关。比如，国家级保税区钦州保税区建设了全球首个人工智能海关监管闸口。

智慧港口建设和管理是今后港口发展的必然趋势，利用互联网技术和大数据的思维实现港口智能化、自动化和无人化，有助于推动港口转型升级和提质增效，是建设国际强港的信息化保障。

第四节　实训项目

珠海市港航信息化建设

一、现状

当前，中国电子口岸在珠海已设立中国电子口岸拱北数据分中心，作为拱北海关的直属事业单位，主要负责国家电子口岸系统在珠海与中山区域的用户支持和系统维护。珠海市地方电子口岸已进行部分基础应用的建设，如横琴车辆“一站式”电子验放系统、拱北客车“一站式”电子验放系统、拱北旅客“自助通关”电子验放系统等，总体建设内容目前尚处于立项规划阶段，建成后将覆盖全市港口口岸、陆路口岸、航空口岸以及海关特殊监管区域等，实现跨部门、跨行业的统一信息服务平台。拱北电子口岸是由海关总署、珠海市人民政府、中山市人民政府按照“统一认证、统一标准、统一品牌”的原则，共同建设的融合电子政务、电子商务、电子物流的口岸公共信息平台。根据三方签署的合作备忘录，珠海市和中山市将对现有与大通关和口岸物流相关的信息系统进行整合，通过建立拱北电子口岸，实现数据共享和联网核查，同时在这个平台上逐步建立珠海和中山地区包括交通、铁路、民航、港务等在内的口岸物流信息平台，为珠海和中山地区大通关、大物流、大经贸服务。

港航 EDI 中心是珠海市电子口岸的重要组成部分，主要面向港口码头、集疏运场站、理货、货主、货代、船公司、船代等物流企业，提供数据报文交换和共享服务。港航 EDI 中心将为海关、国检、边检、海事等政府监管部门提供实时、稳定、可靠的企业监管电子数据，是珠海市地方电子口岸的前期建设项目和基础运营平台之一。

目前珠海市的港航相关业务的办理，主要采用纸质单据的传递来实现业务协作。虽然拱北海关已经建立了一系列围绕通关贸易相关的应用系统，实现数据交互，但针对的范围主要是围绕海关和相关有限的企业进行的，采取的数据传输方式为一对一，难以进行数据的复用传递，系统应用具有局限性，无法进行统一的推广和移植。

从珠海市整个港航业来说，还未建设一个统一的地方港航数据交换平台，未能将港航业相关的各企事业单位的业务往来数据以电子化形式，通过平台进行传递和交换。各个企事业单位间的信息化系统都是独立存在的，形成信息孤岛，无法实现跨部门数据共享和业务协作。

二、 问题分析

针对口岸现状和珠海市港航 EDI 中心建设的目标，进行具体分析：口岸信息系统各自为政，互相封闭而形成信息孤岛，造成部门之间，以及与企业之间难以进行充分的数据交换，无法实现快速、有效操作和服务。信息化应用发展不平衡。有些部门、企业均有自己完整的作业系统，信息化水平较高。而有的实体单位信息化程度较低，有的甚至还停留在手工操作阶段。这种信息化应用不平衡制约了整体性能的进一步提高，因而影响了预期效果的发挥。目前的垂直的信息化系统已非常的强健，而横向的平台功能弱小，对涉及多个部门管理的事项，各部门之间基本无交流，无交换。这就造成企业办一件事要跑多个部门，形成效率低、程序烦琐、成本高。因此，只有对口岸实体信息化建设统一规划、科学整合和有序应用，才能提高口岸信息综合利用效率，降低信息使用成本，促进口岸信息化应用均衡发展。

目前珠海市的进出口贸易活动中，各单位之间的协作基本是以纸质单据进行传递，信息传递不及时，人工干预频繁，出错率高，作业效率低，严重影响了进出口贸易的快速发展。因此本项目的建设将起到以下作用：

1. 建立电子数据交换平台

引入电子数据交换平台，使传统的纸质单据变为电子化数据，通过 EDI 数据交换平台进行处理和分发，整个过程都由计算机进行处理，减少了人为干预，大大提高了数据传输的准确性和及时性，使得进出口贸易各参与方之间的协作变得高效而有序。

2. 优化港口企业与联检单位之间的协作机制

各企业与联检单位之间的业务数据往来，经由中心进行数据传递和交互。通过中心的数据路由机制，可以实现一对多协作办公，减少了以往一对一办公的人力投入和时间投入，优化了企业和联检单位内部管理流程，加强了业务联动协作的及时性和准确性。

3. 构建客户服务窗口

以服务企业为核心，以提升通关服务效率为目标，在电子口岸各成员单位的支持和指导下，按照相关管理规范和规章制度，重点开发综合性“大通关”服务应用项目，避免重复建设。紧紧环绕提升企业申报效率、减少数据二次录入，着重开展报关报检、进出境运输工具、电子舱单、入境和出境人员数据等“一次录入、分别申报”应用项目建设。

紧紧环绕促进现代物流业发展总体目标，促进各联运单位和口岸行政部门之间的业务联动，推动港航中心与当地各类电子商务公共服务平台开展密切合作，实现通关环节和物流、商务、支付环节的信息交换、流程连接、协同处理。

三、项目主要建设内容

1. 建设电子数据交换平台

电子数据交换平台能够提供电子单证的收集、传输、转换、存储等报文服务，为多种报文传输协议提供支持，并对外提供报文数据收发、下载等功能接口。船公司、港口码头、外代、理货、货代等单位通过把各自相关的数据报文，如舱单报文、进出口船图、装箱单等发送至数据交换中心，数据交换中心进行存储、格式转换，之后发送至相关单位的内部处理系统，从而实现企业间、企业与口岸联检单位的数据快速流转。

2. 建立门户网站和身份认证平台

港航门户网站是服务于广大物流企业、货主等单位的综合信息网站，使用用户身份认证管理，需要与各相关单位建立授权认证系统，解决多个系统信息交互的数据安全和数据同步问题。同时门户网站也是发布航运相关的政策法规、口岸监管动态等信息的重要窗口，是企业用户实时查询各类物流状态、通关状态的主要门户。

3. 开发加强企业通关和配合关检监管的应用项目

与海关、海事、检验检疫等口岸监督检验单位，研发一批能够提升行政效率，配合网络监管的应用项目，包括电子舱单辅助申报系统、网络监管系统等。在系统建设前期，主要实现现有主要相关报文数据的交换传递，包括进口出口舱单、运抵报告、卸船报告、进口出口放行信息、查验信息等，在数据交换的基础上再研发配合监管提升效能的辅助应用系统。

四、开发物流服务应用项目

以电子数据交换平台为基础，通过信息处理、数据整合，开发和推广以服务物流企业为重点的应用项目。提供信息查询应用服务，如船舶信息、货物跟踪信息、集装箱动态跟踪信息、进出口贸易单证信息、船期信息等的查询类应用项目。

1. 项目建设功能设计

电子数据交换平台中心的基础核心在于统一电子数据交换平台，该平台向终端用户提供可访问的接口，实现用户与中心之间的数据互联。通过以中心作为中转站，实现用户之间的数据交换传递。为此需实现核心的报文解释、报文分发服务功能，同时为更好向企业提供服务，考虑企业信息化建设水平不一的情况，建议开发报文收发客户端，帮助企业实现报文上传、下载的交互功能。

2. 报文收发客户端

该系统部署在客户方，实现客户方与中心之间的报文交互。客户在发送报文时，可通过该客户端，采用 EDI 等多种方式将报文传递至中心。客户在接收报文时，可采用 EDI 等多种方式从中心接收报文。用户对发送和接收报文方式的选择，可采用配置的方式灵活实现。用户在将报文传输至中心后，可查询报文在中心处理的状态，以确保报文数据能够被正确传递。

3. 报文解释系统

报文解释系统对存档的报文进行分类解释，并将解释后的数据存入中心数据库中。

出口船单：由船代发往船公司，同时生成南方平台出口舱单上传给海关，生成出口船单的数据文件发给码头，供码头进行业务数据核对和作业安排。

进出口箱数据：由船代依每天的进出口箱数据文件发往理货，供理货进行数据核对确认。

码头进出闸和拆装箱数据：九洲国码发往船代，船代定时读取数据更新箱动态数据。

运抵报告：由外理发送给海关出口放行信息；由海关提供给外理的文件格式的集装箱放行信息。

4. 报文分发系统

由报文解释系统成功解释的报文记录，会进入报文分发系统进行目标报文的分发处理，使分发出去的报文能够满足客户需求。在报文分发时，可根据分发配置，实现客户报文的一对一、一对多的分发要求。

目前，业务层处理完后需要转发的报文、给客户的通讯回执以及处理过程中产生的异常事件通知，都通过报文分发服务传递给接收方或发送方。报文分发系统通过读取系统中的用户信息配置，取得用户的通讯方式，文件名要求，以及其他一些特殊要求（如加回车）等，将报文按要求发送给用户。并在转发结束后更新日志，将报文的状态更新为已转发，表示该报文的处理已全部结束。